永恒流动的情感

说潘耀明（彦火）那一程山水

喻大翔　主编

人民日报出版社

图书在版编目（CIP）数据

　　永恒流动的情感：说潘耀明（彦火）那一程山水 /
喻大翔主编. 北京：人民日报出版社，2011.1

　　　ISBN 978-7-5115-0200-1

　　Ⅰ．①永… Ⅱ．①喻… Ⅲ．①潘耀明—生平事迹

Ⅳ．①K825.6

　　中国版本图书馆CIP数据核字(2010)第221652号

书　　名	：	永恒流动的情感：说潘耀明（彦火）那一程山水
编　　者	：	喻大翔
出 版 人	：	董　伟
责任编辑	：	银　河　陈志明
装帧设计	：	后声设计
出版发行	：	人民日报出版社
社　　址	：	北京金台西路2号
邮政编码	：	100733
发行热线	：	（010）65369527　65369512　65369509　65369510
邮购热线	：	（010）65369530
编辑热线	：	（010）65369533
网　　址	：	www.peopledailypress.com
经　　销	：	新华书店
印　　刷	：	北京市业和印务有限公司
开　　本	：	16开
字　　数	：	220千字
印　　张	：	23
印　　数	：	0，001—5,000册
印　　次	：	2011年3月第1版　　2011年3月第1次印刷
书　　号	：	ISBN 978-7-5115-0200-1
定　　价	：	58.00元

著名画家杨之光教授为彦火画像

鱼非当年鱼，石非当年石，
鱼化石中，宛有当年在。
你非当时你，我非当时我，
我心中有支歌：「记得当时年纪小」。
心中宛有当时在——有你，有我，有当时。

为耀明兄「鱼化石的印记」作

金庸

一九九九年八月一日

许多天、许多年之前，情感曾在你心中流过，

今天、明天、明年、后年，这情感仍会在你心中流动，

逝者如斯夫，不舍昼夜，却永远流不尽，

因为有些情感——

是永恒的，那是深情。

为耀明兄『永恒流动的情感』书

金庸

一九九九年八月一日

倏忽枝头露　飘然岭上云

易销仇者怨　难报美人恩

不屈为至贵　最富是清贫

此意凭谁会　悠悠天地心

一九八三年秋与彦火兄有同
居寄食之雅相逢异国诚三生
之幸因以报恩之诗报之

　　　　——吴祖光

为了中国文学写作环境的
民主、自由和解放，
为了中国文学创作品质的
丰富、提高和纵深
让我们谦卑而坚定地做出
我们应做的贡献！

与彦火吾兄共相勉励

—— 陈映真

一九八三、十一、十四日

于美国爱城

"文章憎命达"。无数事实证明
这是对的。于是出身清贫，善作
奋斗的人是有福的了！

出污泥而不染的彦火小弟惠存

茹志鹃
一九八三年十一月
于爱荷华

『文章憎名达』。无数事实证明
这是对的。于是出身清贫，善
作奋斗的人是有福的了！
出污泥而不染的彦火小弟惠存。
——茹志鹃
一九八三年十一月于爱荷华

異鄉遇彥火，既驚且喜。書獄中一詩相贈，一片丹心，與君共之：

萬籟都從耳底收
孤鳥長啼山更幽
東風吹合離離草
殘日會逢晚晚秋
飄泊地涯驚淚眼
仃伶海外託孤舟
天生我輩人間世
一點丹心證白頭

柏楊 1948.9.
於Iowa.

异乡遇彦火，既惊且喜。书狱中一诗相赠，一片丹心，与君共之：

万籁都从耳底收
孤岛长啼山更幽
东风吹合离离草
残日会逢晚晚秋
飘泊地涯惊泪眼
仃伶海外讬孤舟
天生我辈人间世
一点丹心证白头

——柏杨

一九四八年
于IOWA

※彦火按：应为一九八四年九月……

捌

给彦火先生：

每一张红叶，都曾听过

雷霆霹雳

而秋深时

最后，它们沉醉如海

悠远似万里烟云

—— 张香华　敬题

一九八四、初秋于爱荷华城

我发现——
你是为思想活着的人。
因此我们是朋友

给彦火

——冯骥才

一九八七年六月

友情就是火，
是不会熄灭的！

彦火先生留念

端木蕻良

一九八八、四、廿三日
于北京香河园
十区西坝河

友情就是火，
是不会熄灭的！
彦火先生留念
——端木蕻良
一九八八、四、二十三日
于北京香河园小区西坝河

尽量说真话

坚决不说假说

愿与

彦火兄共勉之

——萧乾

一九八六、九、五

大海真能容
明月不常滿
方寸無纖塵
放眼天地寬

彥火兄

柯靈
1988年9月

大海真能容
明月不常满
方寸无纤尘
放眼天地宽
彦火兄
——柯灵

一九八八年

目　录

第一辑　访　谈

第二辑　印　象

第三辑　专　论

序：流水过处有"潘桥"

——《说潘耀明（彦火）那一程山水》

喻大翔

当年读彦火《醉人的旅程》，那样清新、那样适性，又那样充满诗意，至今还行走在我记忆的一角。即便现在让我讲起满世界的华文游记，这本书大约还是不能不提的。

这是缘分。一部与潘耀明（彦火）兄有关的评说著作，我竟然担任起了主编，只能说，这是缘分。

一个善良的、寡言的、灵秀的、勤奋的、儒雅的、怀情的、胸襟的、坚守而又蜕变的、回望而又超越的、少小时尝尽艰辛老大仍不忘一切恩惠的彦火，已经被这本书的一字一词、一笔一划勾勒成一个立体的现实人物和文学形象了。对他的性格与性情、为文与为诗，这里的近七十篇文章已有充分的讨论，我再写也显得力不能逮。作为第一个仔细默读了这部文集而有不少感动的人，我应该将我的感觉说出来：

关向东那篇文章的题目，好像从轰轰然而又雨雨然的尼亚加拉大瀑布的半空，拉出了一个意象，一座桥，一座彩虹的却又是人造的桥。

这座桥曾幻术般出现在《醉人的旅程》里，《醉人的旅程》里拙政园和小瀛洲的石桥，庐山上下的芦林桥和九曲桥，日本藤泽的江之岛桥，西沙湾海面上逆风划过的帆桥，当然也是美国小城爱荷华河上的那座"足音桥"：

我佩服长跑者的精神。

我跑着，踩着蘸满晓露的湿濡的小径，穿过如宝塔似耸立的洋松、山毛榉，跨越那一道纯白色的足音桥。

足音桥不知是谁起的名字，远看它如横跨爱荷华河的一道雪白的冰雕的桥，在阳光下熠熠生辉。踏足在它的上面，晃荡着足音和水的流响。

有水的流响不一定有桥，有桥则一定有水的流响。这耸立在《爱荷华心影》中的于阳光之下不会融化的雪白的冰桥，可以把它视为一个人、一群人及其事业的象征。

我们不要忘了，整个大陆的崛起和大约不久会到来的整个中国的崛起，香港这座桥已恒长地横跨在世界华人苦难与幸福的历史之间了。就经济和文化而言，假如没有香港给我们拾级饮虹，我们可能至今不晓得星空的高远和灿烂。从这本集子，我们知道了潘耀明兄的特殊贡献，他对时贤的礼赞，他的热爱朋友和从朋友的热爱中激扬出来的文化之思和文学之想。有朋自远方来不亦乐乎？他永远乐在其中。

我们不要忘了，他从报社、出版社到杂志社，从校对做到总编辑，在好像已经遥远的七十年代，就开始谋划世界华文文学出版与交流的大同世界了。在那多年之后，有人辗转送给我美国诗人的《非马集》，那一个永不能让我漠视的"午夜太阳"与"向日葵"的故事，原来就是耀明兄编印出来的。他至少是最早让海内外华文作家合唱"一个变迁动荡时代的史歌"（《海外文丛》按语）的指挥家之一。

我们不要忘了，商品汹汹，人心惶惶，很多文心也早已不再雕龙了。耀明兄到底是从梦一般雪白的足音桥走过来的人，再晃荡再曲折也始终有足音在响着，他自适的、诗化的、冰洁的、明亮的散文，尤其是那些署名"彦火"的游记，如一座心灵之桥，像香港的"金桥"、"余桥"、"董桥"、"黄桥"和"小桥"们一样，一直伸展到大陆和大陆之外的遥远的水域去了。

这是一座"潘桥"。多少文学、散文和媒体人涉水而过，总能被一道虹带着，游走到对岸。

　　所以我又想说：山一程，水一程，夜半起险阻，梦醒桥自横。

　　为着对这部书的责任，也为读者的方便，以下交代几点编辑的原则：

　　一是按主题和写作方法的相近似，将全书分成了《访谈》、《印象》和《专论》三辑。

　　二是各辑内容再按主题或分主题的不同，分成若干类。第一辑不再细分；第二辑有六类，描述对作家、对出版、对几种著作的印象；第三辑有十类，第一类是对彦火作品的总论，以下九类则是按作者个集出版的先后及评介，一书一类。

　　三是无论第一辑不分类还是第二、第三辑分类的文章，都按发表的时间先后排序。只有《专论》中原甸和古远清的文章没有发表时间，排列可能有不当之处。

　　私以为上述编列的最大好处，在于几乎梳理出了世界华文文学界、新闻界对彦火兄的评价简史（**大多是赞扬，也有置疑与中肯的批评**）。一个有趣的发现是：无论是访谈、印象式描述还是对作品的研究，东南亚的作者与媒体都几乎开了风气之先；大陆评者有更深广的视界；而香港的论家，敏捷手快，乃是架设"潘桥"的主力。

2009 年 11 月 22 日于上海

访谈

说潘耀明(彦火)

那一程山水

潘耀明·心海潮汐

  作为作家，潘耀明以"彦火"为笔名，从二十世纪七十年代起撰写了大量散文和评论，至今在中国大陆、香港、台湾出版作品集二十四种，多次获奖。著名文学评论家白舒荣撰文称："潘耀明的创作中，丰富的写作题材，紧扣着他的生命律动和人生足迹；散文、随笔、纪游、海内外作家作品研究，涉猎广泛文类驳杂的体裁，体现了他作为编辑家和出版家的职业特点。"

  作为出版家，曾任香港三联书店董事副总编辑的潘耀明，目前担任《明报月刊》、明报出版社、明窗出版社和明文出版社的总编辑兼总经理，沉静而执著地出版令海内外华人世界喝彩的美文、好书。

  儿时的饥饿中，潘耀明就"憧憬着外面的世

界"，是他的父亲，满足了儿子看世界的愿望。二十世纪五十年代后期，下南洋到菲律宾的父亲把妻子和儿子从福建南安贫瘠的山村，办理到了大都市香港。那年，他十岁。在摩天大楼肩摩踵接的香港，他和母亲的寄居地，连一扇窗户也没有，只能放下一个衣柜和一架双层床。困苦成为他努力向上的催化剂。入中学就开始成立文学社，有志于文学创作的潘耀明，出中学校门后，进了《正午报》，从见习校对、校对、见习记者，直到编辑。这时受著名文史学家曹聚仁的勉励和启发，他树立了自己的文学志向。

梦想往往开始得异样简单。潘耀明也在这异乡街头，开始了简单的人生梦想——在这个城市找到一个属于自己的位置。

他说："人生，喜好要随心意，对喜好的事情就要执著，执著才会遇到一些机缘。而带来这些机缘的人，就是你命中的'星星'了"。

他历数命中的"星星"：有二十世纪七十年代引他入三联书店从事出版行的蓝真先生；有八十年代赴美参加爱荷华大学"国际写作计划"，遇到的保罗·安格尔、聂华苓夫妇，助他在纽约大学攻读"杂志与出版"硕士学位；当然还有二十世纪九十年代一纸手写聘书，邀请他主持《明月》的金庸。

1991 年，素无私人交往的金庸先生，突然通过著名作家董桥打电话约潘耀明见面。他到了金庸的写字楼，金庸没有多说，当场就写下聘书，聘他担任《明报月刊》的总编辑兼总经理。《明报月刊》由金庸创刊并主编，后来历任的胡菊人、董桥等七八位主编，都是赫赫名流。在他们的前后经营下，这份杂志已经建立了相当高的学术水平和文化品位。潘耀明意外受聘，颇感惊奇，十分感动。尽管他当时还没有向三联书店辞职，当场便毫不犹豫地签了约。

当初刚接手时，明报出版社亏损严重。他使出浑身解数，要求自己，尽量做到满足股东们的"向钱看"，又不能放弃文化理想。为此，特别成立了明文出版社，推出"培养作者计划"和"成就学者出版计划"，帮助作者自费出版，既可以降低投资风险，也可发掘新进作者、帮助年轻学者圆出版梦，并能利用明报的优势宣传推广。如此做下来，对作者和市场均不无补益。在他的努力下，明报出版社终于扭亏为盈，如今从出版物的品质和社会影响看，这家出版社，以及他主编的

《明报月刊》，不但是香港，也堪称是整个华文世界出版业界的翘楚。

作为著名报人，金庸能毫不犹豫地将自己心血浇灌的名牌杂志托付给潘耀明，想来他的专业学习训练和在出版业界的优异表现，他广阔的国际视野和丰富的人脉资源，都是为金庸看中的原因。

十几年来，《明月》调整风格，更加贴近新读者的阅读趋向。实际上，从最早胡菊人时期的政论型杂志，到后业董桥时期的文化学术类刊物，再到如今的"泛文化"风格，《明月》的每一步发展无不是切合当时整个时代变化的脉络，但有一点——那就是保持中性的价值观，守望中国文化，探寻中国文化的出路的理念，却一直没有变。

而这也正是潘耀明的精神之家，坚持着自己的文化理想，树立香港文化形象。

在华文世界当中，《明报月刊》被众多学人亲切地称为"明月"，著名学者余英时评价说："我一生投过稿的报刊不计其数，但始终觉得《明月》最令我有亲切之感。自由、独立、中国情味大概是我对《明报月刊》最欣赏的几点特色。"创刊四十多年，《明月》的影响早已超越香港，成为华文世界举足轻重的高端文化杂志。而作为总编的潘耀明，则有了香港文化界"宋江"之称，这一方面说他为人敦厚，甘为香港文化人作嫁衣，另一方面也是说他有聚集各方才学的气度。

内地的《瞭望》杂志更是在一篇题为《以文会友的香港作家》的报道中，赞誉说："潘耀明是海内外文化交流的桥梁。"

异乡的天空因为他和许多像他一样的人而绚烂，甚至炫目。然而，潘耀明依然抒发着这样的感触："在异乡的天空下，我时常感到自己像一片浮云或是一只飞鸟，虽然我有飞得更高、飘得更远的可能，但是也只限于在这片天空下。而我毕竟不同于飞鸟和流云，我有生活在催促还有生命里的牵挂。"

他总是这样说："香港文化越来越商品低级，精英文化在商品社会有一种无力感。长期以来，香港本土的原创性文化得不到应有的重视和关心，尤其是文艺创作方面。""无论是本土作家，还是文学大师们在香港时期的创作，都是香港文化传统的组成，政府要对此予以足够的重视，没有文化底蕴，香港就没有深度。"

多少年来，潘耀明一直致力于香港文化、文

学的原创性生成，致力于香港文化理想的建设，可谓不遗余力。有人说，虽然，在香港，《明报月刊》并不是发行量最大的杂志，经济收益也不是最好，但有了《明月》，没有人能将香港称作"文化沙漠"。而作为"海内外文化交流的桥梁"的潘耀明无疑成了香港文化的大管家。也许，只有管好了这个家，他才感觉到生命的踏实，找到存在之根。

1957年夏天的某一个晚上，十岁的潘耀明做了一个梦：梦中，他回到了故乡，福建山区深处那个无名的村落。他梦见找到了自己的亲生母亲，可是母亲依然不肯要他这个儿子。潘耀明哭了。当他被这个梦惊醒的时候，嘴角边有咸涩的味道。而那时候，晨光微曦，从他住的那间没有窗户的房屋墙壁缝隙里，顽强地挤进了几条纤细的光柱。少年潘耀明在香港这个陌生城市里的新一天，又开始了。

当年，一岁的潘耀明不会想到，在1957年夏夜里的那个梦魇，会整整困扰他五十年；而那天凌晨，他发现从墙壁挤进房间的那几缕纤细光柱，竟是他后来的生活写照。

而出现在五十年后同样夜晚里的潘耀明之于香港，已经不再是一个可有可无的人。这个城市之于他，每一个白昼或夜晚，也都是暗香浮动、姿彩万千。

作为香港作家联会执行会长，几乎香港所有文化活动，都有潘耀明的组织或参加；作为香港《明报月刊》的总编辑、总经理，他在香港知识分子中有着极高声誉；而他在二十世纪七十年代末的作品《当代中国作家风貌》，及至今日，依然是海外研究华人作家的重要参考书。

但是功成名就的潘耀明，依然时常会被困扰了他五十年的梦魇惊醒。他说，那时候，在黑暗中瞪大双眼的他，作为一名异乡人，总是默默清点生命里的失落和遗憾。或许这种说法有些沉重。也可以这样说，当潘耀明一往无前在奋斗和争取的路上，略一回眸，余光里闪进了过往的岁月，它们很细碎地流连着某种模糊的记忆，关于故乡，关于命运，关于聚和散，以及离去和归来。

福建山区深处的一个无名村落，闭塞、贫穷、劳作几乎是这个山村所有人世代默认的宿命，更别说顾及山外面的世界。1947 年，潘耀明就在这样一个村落里出生，而他，根本没有权利选择自己的宿命。

潘耀明说："我亲妈妈四十多岁生了我，她觉得当时我是属于不祥之物，后来两岁的时候，她就把我卖给养母。我小时候经常给人家欺负。人家说我是野种，就是说我不是这个养母生的，但是我这个人自尊心很强的，我非要跟他们打架不可的，但是每次打架都输，因为我肯定打不过他们，我身体不好，但是我从来不认输的。他们要我承认错误，我从来不认输，从小有一种比较倔的心态，小时候很介意人家讲我。"

1957年，十岁的潘耀明和他的养母来到香港。这对第一次从福建山区走出来的母子，站在繁华的香港街头，憧憬着未来的新生活。促成潘耀明养母带着他走出福建山区的原因，是潘耀明的养父。早年，被艰难生活逼迫的他远赴菲律宾谋生，1957年，养父的事业略有小成，希望能改善他们母子的生活。

潘耀明的养父却没能耐得住独在异乡为异客的寂寞，他在菲律宾又组建了一个家庭。因此，潘耀明和养母只能羁留香港。她们母子无力抱怨命运的不公，更不能责怪她们远在菲律宾的唯一生活靠山，但是在香港未来的生活境况，已经可以预见。

潘耀明回忆那段艰苦岁月说："我养父在菲律宾，他在一个山区开了一个小杂货店，经济条件比较好，我的养父在菲律宾有一个亲生孩子，他很疼这个孩子，因为我不是亲生的。我的养父当时每个月寄的钱很少，寄一百五十块港币。我这个养母因为她要报答她娘家，后来就每个月寄一百块回去，剩下五十块，我们当时租一个房间，很小的房间，那个房间要六十块。所以剩下的五十块都不够，所以我妈妈去剪线头，因为她是文盲，她不能做什么，她一个月大概也是赚五六十块，我上学都是吃隔天的面包。"

五十年前，潘耀明和养母初到香港时居住的地方，就在香港的西营盘。潘耀明说原来的时候都是旧房子，在二十世纪五六十年代的时候，香港也都是相当落后的，全部是旧楼。如今，五十年前的破败萧索早已被今天的市井繁华所替代。已经几十年都没有再回到这里的潘耀明，对于这里的一切变化，丝毫不感到意外。

潘耀明说："我以前住的是很旧的房子，那个老房子我们住了八家人，基本上房间都没有窗的。以前这里很多老鼠、蟑螂。曾经我睡觉就给老鼠咬了大拇指，这一带都是比较贫困的。"

潘耀明曾说："香港是一个无时无刻不在变化的城市，适应她的最佳选择，就是习惯她的变化。在异乡的天空下，我时常感到自己像一片浮云或是一只飞鸟，虽然我有飞得更高、飘得更远的可能，但是也只限于在这片天空下。而我毕竟不同于飞鸟和流云，我有生活在催促还有生命里的牵挂。"

1966 年，潘耀明十九岁。中学毕业的他，走到了人生第一个有可能自己把握命运的路口，而命运也提供给了他一种选择未来方向的可能。

潘耀明说："我喜欢念书，我就给我菲律宾老爸（写信），结果他找人回了一封信，他说他的经济状况不好，就是要我中学毕业应该出来学会做事。他觉得我已经念很多书了，因为他没有念（过）书。"

现实把出现在潘耀明命运中的假设与可能维持了原貌，潘耀明必须立刻做出第二种选择，维持与养母窘迫的生活。

潘耀明说："那么当时情况就很糟糕，后来我就托一个朋友，那个朋友就给我介绍到一个报馆，当时很苦的。因为我没有什么背景，所以到报馆呢我是做见习校对，是对狗账的，就是澳门跑狗（赌狗），跑狗的那个狗账，而且要很准确的，那个狗它的速度跑了几分几秒，你都不能（记）错的，因为他们要参考，所以他们都不愿意对这个狗账，都给我对，我从晚上九点钟上班上到早上五点钟。"

对于一些人而言，哪怕是为了实现最卑微的生活理想，往往也需要付出无法预料的代价。潘耀明说："1967年香港暴动，暴动是因为香港当时有个爱国工会，爱国工会塑胶（厂）工人罢工引起香港（英）政府高压的镇压，防暴队好像受了伤，后来觉得港英政府要欺负我们爱国同胞，所有的爱国团体全部都组织起来，当时爱国同胞搞了很多炸弹，当时港英政府包括警察都很紧张，所有的我们那个报馆的记者不敢出去，因为不敢冒险，后来我们老总问，他说小潘你愿不愿意做记者、见习记者。"

冒着生命危险去做这份工作与维持最为基础的生活状态，两者之间，十九岁的潘耀明为了后者而屈从了前者。

1969年，潘耀明的生活状况有所改善，他和养母搬离了西营盘。为了尽孝道，他听从养母的意见，搬到了城中一个福建人聚集，以闽南语系为主的地区。那时候，生活的改善使潘耀明愈发在被困扰他的那个梦魇惊醒时，想念自己的亲生母亲，潘耀明决定走出梦魇，回到故乡。

潘耀明回忆说："我去看她（生母），她（已经）半身不遂，坐在床上，还要煮饭，我当时也没有什么钱，好像带了外汇券嘛，不晓得有多少，大概几十块，我全部掏给她，我当时就是有点感伤，她是我的亲生母亲嘛。我觉得虽然没有养育之恩，但是本身她有生育之恩，所以我觉得我应该供养她，后来心态改变了，不像以前小孩那种心态了。"

1969年，在回到故乡与亲生母亲相聚之后的三年，潘耀明在思念与牵挂中度过。1972年，潘耀明的亲生母亲去世。这位母亲一生也没走出福建深山中的那个村落到香港看望他的儿子。而潘耀明在母亲去世的时候，因为种种原因，也没能及时赶回到信息闭塞的故乡。直到十七年后，他才有条件回到故乡祭奠。

潘耀明的人生故事，尽管一切因缘皆从他的亲生母亲而起，但是如何评价一个山村妇人后生已不重要。重要的是，一个眷恋生身母亲的儿子将在永生的遗憾中，在异乡天空下，继续自己寂寞的飞翔。在未来无数个被与亲生母亲相聚的梦魇惊醒时分，独立倾听来自心灵深处的潮汐之声。

1978年，这个沉默寡言、拼命工作的年轻人得到赏识，转到出版界发展。

潘耀明说："后来我有个机会到出版界，安排我到一个《海洋文艺》杂志，开始登很多文学作品，（通过）这个《海洋文艺》，后来我就跟很多作家联系，艾青、钱钟书、吴祖光等一大批。"

潘耀明逐渐被香港文化界注目，他当选为香港作家联会执行会长。在香港文坛，他以"彦火"为笔名开始了自己的文学创作。二十世纪七十年代，潘耀明开创性地研究中国当代作家，出版了《当代中国作家风貌》一书，在港台影响颇大。

潘耀明说："大概用了两年的时间，学习了一些资料，出版了一个《当代中国作家风貌》，大概有五十万字，后来除了在香港出了一个香港版，还出了一个台湾版，因为台湾当时（与大陆）更隔一层，台湾有很多资料都是从香港过去的，特别是关于内地的，包括新文学都是从香港辗转过去的。台湾的那些资料都是老资料，是早期他们的老观点、老资料，这些资料很多已经过时了，有一些甚至没有核实过，包括很多作家的出生年份都搞错，有些作品也搞错了，所以我就帮他们理清，这样他们就觉得有参考价值。"

钱歌川为其撰写序言《作家风貌跃然纸上》称，潘耀明"使我们……就像和每位作家晤谈，一室之内，如闻其声，如见其人。"该书被韩国圣心大学译成韩文出版，成为韩国大学研究中国的参考工具书。

潘耀明逐渐进入了自己创作的高峰时期，而他的作品大多内容是来自他游历时羁旅他乡的感怀，文风浮动淡淡的忧郁。

1983年，潘耀明意外地获得了一次到美国爱荷华大学进修的机会，在三十六岁的时候，他终于弥补了少年失学的遗憾。

1985年，学成返回香港的潘耀明被任命为香港三联出版社的副总编辑。他向港、澳、台地区出版发行了中国古典和中国现当代作家选集丛书八十余种，在当时引起较大轰动。

但是真正巩固潘耀明在香港文化界地位、发现他价值的，是香港著名出版家、作家金庸。1988年，金庸创办的《明报月刊》经营陷入了低潮，而潘耀明在香港文化界的日益活跃，进入了金庸的视线。

潘耀明：“我当时跟查先生（金庸）实际上根本不熟，就是在工作场合（见过），当时我在《明报》写专栏。后来有一个下午，就（叫我）到查先生的办公室去。查先生（金庸）办公室非常大，后来进去以后，董桥也在，查先生说，潘先生，你请坐等我一下，那么他就到桌子上去，不知道写什么东西。他亲自写了一份聘书给我。当时，我就觉得《明报》要扭转这个局面，（就）要将它变化，所以我的市场定位就是泛文化性杂志，不管你是时事社会或者批判社会现象，都可以通过文化角度来探讨，就是不纯粹登学术的东西或者文化的东西。销路后来起来了。”

潘耀明与《明报月刊》结下了不解之缘。1992年，金庸出售了自己的报业股份，潘耀明也离开了《明报月刊》，专心致力于出版发行业，但是随着金庸和潘耀明的相继离开，《明报月刊》的业绩一落千丈，潘耀明又面临人生新的抉择。

潘耀明说：“销路降得非常厉害，而且亏损是历史上新高，后来他们管理层有一个叫林厥，现在已经离开了。林厥先生他是执行董事，他找我，问我可不可以兼（职业）。我说我怎么兼

（职）呢？当时我在出版社有一大摊子事情，我要管营业，还要管编辑部，我怎么兼（职）《明报月刊》呢？他让我考虑，他说如果你不兼（职），可能这个杂志就打算关门了。后来我考虑了，我就想如果关门的话就太可惜了。"

潘耀明重新回到了可以实现自己文化理想的舞台。

当今天的潘耀明，以一名香港文化界能人和强人的身份，出现在各种各样的文化活动中时，有人这样描述他留给人们的印象：香港的高楼在他脸上投下阴影，在熙攘的人群里，他总像是瘦了一圈似的，显得疲倦和紧张。他总是匆忙地走东走西，奔泥着各种事务，他的性子也就变得有些浮躁，缺乏耐心。这大约就是香港的生活，山景、海景，还有满街的新衣服、新玩意儿，都是给旅游得准备的，本港居民，则在楼缝中的狭街上，奔忙着各自的生计。

在香港生活了五十年的潘耀明，开着私家车时还偶尔会在香港迷路。他说，每当这时候，就会忽然想起，自己曾经是一个异乡人。

关于身世和童年

我是在福建的一个山区里面出生的,我亲生妈妈四十多岁生了我。养母和养父都是父盲,他们自己没有孩子,后来在我两岁的时候我亲生妈妈把我卖给了养母。

因为有菲律宾华侨的关系,后来养父亲去了菲律宾,他要在菲律宾做生意,菲律宾当时的政策,就是说你要有当地的家庭才可以做小生意,他在那边又结婚了,开了一个小杂货店,也生孩子了,所以他有两个家庭,很少来香港。

我当时在礼拜天穿塑料花赚了一点学费。我上学都是吃隔天的面包,一毛钱两个,学校比较远,我就带两个中午吃,晚上回来就煮饭、洗衣服,当时基本上没有什么童年快乐,没有玩具,什么都没有。就是看书,图书馆在我们旁边,我当时就借很多书来看,对文学就感兴趣了,后来就开始投稿,写点小文章,解决学费的问题。

小时候,我和养母基本上是在她娘家,当时六岁,我印象很深,我一个人在那个房子里面自己煮饭,那个灶太高了,用小凳子,站在凳子上,要烧柴的,在农村自己捡柴,自己煮饭,当时那一段蛮苦的。

后来到了香港,当时我们租一个房间很小的,要六十块，没有窗子，我跟我的母亲睡双层床，她睡在下面，我睡在上层，我就坐在床上做功课、看书，当时我在上面可以看到隔壁在做什么。

那时候我们的生活很紧张，母亲给我一块钱，这就是三顿饭的钱，这一块钱我就要考虑怎么买三顿饭，都是买比较简单的。那是不能丢了的，如果丢了，就没有饭吃了。当时穿木屐我就很怕摔倒了钱就摔丢了，我就抓着钱，有时候打滚下来就抓着这块钱。

我养母是很伟大的，她当我是亲生孩子，如果当时她不带我来香港，我还是跟其他人一样。她带我到香港，整个过程是很惊险的，当时是朝鲜战争，西方封锁，中英的关系中断，实际上我们到香港，是偷渡过来的，因为当时港英政府已经中断了跟内地的交往。

我记得当时有人护送我们到澳门，在澳门我们住了几天，有天晚上半夜，用货车把我们拉到荒郊野岭的海边，再用小船划到渔船上。渔船的舱底空气坏极了，我母亲当时还帮人家带了一个孩子，一手拉着我，一手带着那个孩子，当时从乡下刚出来，什么都不懂，整个那种心态，很怕，非常怕。

关于生母

实际上在我中学四年级的时候，我真的想去看看我的亲生母亲。1969年的时候，当时还是"文化大革命"。我刚刚出来做事，我回去看我的亲生母亲，她已经半身不遂。

她始终没有出来过那个小山村。当时我一个大姐姐，两个亲哥哥，我去看她，她半身不遂，坐在床上，还要煮饭、带孩子，我当时就觉得有点感伤。到后来我生活条件和环境比较好了，我就寄一点钱过去，实际上这两个哥哥到现在都是我给他们钱的，他们都是我供应着生活，现在还在农村，七八十岁了。

我的生母在1972年左右过世了。后来我还去修了坟墓，还去拜祭。我不想伤了我的养母，因为养母对我很好，虽然她不懂得怎么教育孩子，但我们一直是相依为命。我都偷偷在做这些事情，但是后来她知道我寄钱回去。

她是我的亲生母亲，我觉得虽然没有养育之恩，本身她有生育之恩，我应该供养她。

关于自己的性格

我很喜欢文学，做一份文化工作本身是我的理想。

实际上过去我很内向，以前都是在读书，念书很勤奋，因为从小没有人教我，没有人带我出去，所以我朋友不多，社交面很窄。

当时我觉得如果我可以表达我的一些思想感情的话，还是要通过文字。我发现这个文字将我的一些内心世界还有我的一些想法表达出来了，实际上我语言表达能力很差，后来做了记者以后好一点了。

以前对生人我根本不敢正面看，有些朋友跟我讲你跟人家讲话你要看着人家讲，因为小时候，我是属于童年都是在弱小之中的人。

关于"异乡人的星空"

实际上我觉得本身所经历的人生历程是有点漂泊的，香港这个地方，本身是借来的时间，借来的地点，给人不自觉的一种感觉上的异乡感，一种情怀上的漂泊感。

老实讲，每个华人的根还是在内地，在他自己的家乡。他在外地或者在海外，一般人都有一种漂泊的心态，所以后来我就用这个书名——《异乡人的星空》来抒写自己的一种情怀。

香港有时候很尴尬，香港一个阶层，就是一直在爱国机构做事的这些人，他们的爱国情怀非常强烈，他们一般很拥护内地，不管是内地的每一个变化，包括政治运动都拥护，这个很单纯的。而有一部分人则是受西方的影响，他们这批人，对中国的文化是有抵触的。

香港以前的文学或者文化是分明的，有一部分是全部横的一截，连他的感情都是西方的感情，有一部分是很传统的。而我是这两种的结合体，我本身还是受过西方的教育，所以我有时候感觉到这两个之间的犹豫，我个人觉得可以共存。

我蛮佩服日本的文化，我觉得日本的现代文化跟传统文化都可以并存。这个民族，尽管他有其民族的弱点，但在这方面他占有很大的优势。在日本，传统的文化都保留下来，而且日本的传统文化是从中国来的，那些服装，那些仪式，都是中国的古代文化。问题是中国自己有哪一些是中国古代文化保留下来的？但同时日本又很现代，它可以接受西方的文化，所以它具有一种开阔性。

家乡对我来说，好像很近，又很远。很远，因为我从小就出来了；很近，是我跟家乡关系很密切，比如我妈妈晚年买了房子，她就回去住，她在香港住了三十多年不会说广东话。她买菜都用闽南话。

回到家乡真的有一种回家的感觉，有一种亲切感。

关于香港文化

香港文化的中性价值很重要。香港是一个自由的地方，是一个开放的社会，需要兼容不同的见解，还要表现客观的立场，只有这样才能反映香港的诉求。

1993年《明月》曾做过一个特辑。当时中英关系不协调，为了探讨中英政治和香港的前景，我们请了彭定康，也请了新华社香港分社副社长张浚生为《明月》撰稿，发表他们的见解。读者可以看到，虽然见解不同，但他们都不希望将香港引向一个危险的边缘。这个特辑大家都觉得很有价值。

龙应台女士讲过，香港舞台很小，香港的文化人很寂寞，不可能像内地和台湾一样，引起广泛的回应和掌声，但香港是个聚焦点，影响不一定在香港。香港可以利用它的优势，建立一种文化的中性价值观。我非常赞成这样的观点。

所以，一个文化机构，我觉得特别是在香港，应该可以兼容，就是说各种流派，各种意见都可以包容。在《明报月刊》我就跟编辑讲，我就说反正不同的政治见解，不同的学术思潮，包括学术见解，如果言之有物，我们都可以接受，就是说我们不倾向于某一观点。因为你这个杂志是反映社会意见，反映文化观点，反映文学、文化思潮，你应该跟时代密切相关。

我跟这些文化人，包括学者交换意见，他们觉得《明报月刊》有一些经验值得总结。中性价值，就是一个文化价值，文化是超越时空、超越境界的，所以本身应该属于中性。当时我们就提出来《明报月刊》就是建立中性价值的文化空间。我们请了很多人，包括海内外的很多学者、作者，探讨关于文化的问题，作为一个文化应该是一个兼容的东西，而不能一统。后来因为他们有很多文章在台湾不能发表，在内地不能发表，都在《明报月刊》发表，而且我比较喜欢交朋友，我觉得朋友很重要，你到哪里都是朋友，这种朋友现在到商业社会功利性就比较重，但我觉得朋友也可以超越，不光有功利的色彩。在我的工作中、事业中，他们都比较积极的支持我，各方面都比较积极。

就整个文化而言，香港是偏低的，之所以会出现这种情况，跟早期的港英政府对文化不重视有关系。在香港，电视台基本没有文化节目，但是在巴黎这样的大都会，我可以看到很多关于文化的节目，甚至书评的讲段，可以文学讨论。

金庸的第一个法国小说是我一个朋友在巴黎一个出版社出的，当时他出这个法文版，翻译费跟出版费，是从法国教育部申请的。金庸是中国香港作家，他可以通过法国政府申请这个赞助，就是说法国人对文化不光是本土的文化包括外来的文化都那么重视。香港对本土文化基本没有赞助，文学方面基本上没有什么。香港没有文学馆。文学是要有原创性的，这是很重要的，包括戏剧，也包括电影都是从原创性文学作品来改编的，当时的港英政府它有目的，它不鼓励你发扬什么中国文化。

我觉得内地作家的社会地位是比较高的，香港作家的地位我觉得很寂寞了，实际上没有什么社会资源。我觉得香港诞生不了诺贝尔文学奖，主要是因为香港本身创作土壤的问题，港英政府从来不支持中国原创性的文学写作，民间的一些基金会对文学创作也缺乏支持。香港可以以写作为生的人凤毛麟角，包括金庸实际上都不是以写作为生的，金庸在《大公报》做翻译，写武侠小说是在晚报开始的，他有份薪水，后来在《明报》，他主要的财产不是靠写作，是靠《明报》的收入。

（《回家》，王俊杰主编，中国青年出版社 2007 年版）

无言的耕耘

——访香港名作家彦火

□ 尤 今

不能也不敢相信，彦火居然如许年青。

第一回接触彦火的作品，是读他的专访《关于诗人艾青之谜》。那实在是一篇文采斐然而情感生动的稿子。文中有许多新鲜的资料，然而，这些资料不是以硬生生的文字堆砌出来的，相反的，它们被彦火灵活地吸收了、融化了，然后再以一种自然而充满了文艺气息的方式体现出来。有人说：成功的专访，本身就是一篇突出的散文，而彦火这篇闪烁着智慧光芒的专稿，给人的印象，正是一篇灵秀的散文。

那以后陆陆续续读了他许多严谨的专稿，还有，优美一如行云流水的散文，心里直觉地认为：他该已年过半百。然而，在这次假新加坡举行的"国际华文文艺营"见到他，才讶然发现：仪表斯文的他，距离半百，还有一段漫长的时光！

我们的访谈是在晚上九时进行的。尽管经过了一整天一连串缺乏喘息机会的活动，然而，彦火依然神采奕奕。

坐在书房宽大的椅子里，他以稳定沉重的语调坦率地道出了他鲜为人知的童年生活。

"我出生在福建一个贫穷而落后的山区，周围全是目不识丁的文盲。我出世不久，很不幸的，生母半身瘫痪，无能养我，把我卖给一对膝下犹虚的夫妇——也是我的养父养母。养父的经济情况也不好，为了谋生，单身只影的飘洋过海到菲律宾去，初做苦工，后来和朋友合资开了一片小小的杂货店，但经常被人欺骗，生活依然穷困。"

他停顿一下，我插口问道：

"那你和你的养父母也同在菲律宾吗？"

"不是的。"他温温文文地说："我十岁那年才随同养母一起到香港。那时，我的养父已在菲律宾另组家庭，我和养母只好在香港安顿下来。养父每月只寄港币150元来让我们当家用——"

"那怎么够呢？"我讶然惊叹。

"当然是不够的！"他沉浸在苦涩的回忆里："我们挤在一间小屋子里，单单房租，就去了六十多元。屋子里连一张桌子也没有，只有一张双层木床，养母睡下铺，而我占上铺，将一块木板垫在床两边的扶手上，用来读书写字。养母白天外出工作，星期天收拉炼回来做，辛辛苦苦的为我赚取学费；而我平常上学时，也只能买一毫子两个那种又冷又硬的隔夜面包来吃！"

在这种苦不堪言的生活里挣扎了许多年，念完了中学后，求知欲炽烈的彦火以战战兢兢的心情给他远在菲律宾的养父写了一封信，希望养父能在经济上支持他念大学。养父的信很快来了，里面裹着一个使他希望破灭的答复。

"你知道吗，"他声音微微发涩地说："我接到信以后，着着实实的痛哭了一场，我是多么的想念书啊！"

听到这儿，我的心像被人钳了一下般，实在难受得很厉害！

因了境况的极端艰苦，彦火一直把读书当作一桩极珍贵的事儿来看待，平日一有机会便猛啃书本。他没有钱买书，只好到书摊去租书，当时书摊出租的，全是武侠与流行小说，因此，他在小学阶段看的，多是充满了刀光剑影的书。十岁过后，他便转到图书馆去借阅古典文学作品以及中国五四运动后的新文学作品，遍览群书的结果，他的写作兴趣便慢慢的培养起来了。

"中三那年，我和几个志同道合的同学组成了豪志文社，由我担任主笔，以油墨刊印《豪志月刊》，对象是校内同学。除此以外，我们每隔三个月便从《豪志月刊》中抽取好的文章另行刊印《豪志文摘》。初时会员多为校内同学，后来，也有文艺青年加入，这可说是我在文学道路上的起点。"

彦火目前为三联书店（香港分店）编辑部副主任，他过去曾一度担当无冕皇帝，记者生涯对他的创作是否有肯定性的影响呢？

他以手撩起了轻轻落在额上的一绺头发，含笑地答：

"谈起我的工作经验，那是曲折迂回的，我中学毕业后，进入《正午报》，当的是校对，校的是马经，狗表，工作时间是从晚上九点半至早上五点。这份工作，与我志向背道而驰，然而，为了将来打算，我咬紧牙根积极苦干，两年过后，馆方把我提升为记者。"

"担任哪一条线的采访工作呢？"

"哦，我采访的是突发新闻（本地惯称意外新闻），利用工作的机会，我收集了许多珍贵的资料，对我的写作生活有很大的影响。"他侃侃而谈："譬如说吧，自杀案件如发生在尖沙咀，那大多数的自杀者必然是吧女；通过采访，对于吧女辛酸的生活背景我便能有较深入的了解；如果发生火灾，地点多在贫民区，从中我便能够看到贫苦灾民流离失所的惨况！"

在"突发"线上彦火收集了丰富的资料后，馆方调他担任社团新闻的记者，他的触角又伸向了另一个生活面——工商界。之后，他和另外几名记者担任一个专栏《访贫问苦》的撰写，这一系列充满感情的特写使他得到了报馆的赏识而被提升为编辑，他曾编过国际版，当地新闻版，工人文艺副刊等。

由校对而编辑这一段漫长的挣扎，其中的酸甜苦辣，如鱼饮水，冷暖自知！

在他任职报馆期间，曹聚仁正好为《正午报》撰写专栏，彦火因此常有机会与他聚首谈天。彦火在他不断的鼓励下，决定选择五四运动后的新文学作家作为研究对象。

"市面上有关新文学作家的资料不多，而其中又有许多资料有欠真实，往往一本书错了，以讹传讹，本本皆错。比如说，许多人都以为秦牧是在新加坡出生的，实际上，他诞生于香港，三岁才来新加坡的！"彦火认真不苟地说："作为工具书而产生差错，是会误导许多人的！"

他表示他作这方面研究的另一个重要的原因，是他认为中国当局对于中国内地的作家介绍不够，因此，他希望他能够架起一道文字的桥梁，把中国作家的艺术成就介绍到海外来。

确立了研究的目标，他便积极的从各方面着手收集有关资料，包括作家们的著作、访问稿、介绍稿、手迹、照片，一样一样分门别类的排列好，这项繁重而又琐碎的工作，总共花去了他整五年的时间，但是，他非但不觉得厌烦，反而越干越起劲。

1977 年，他负责《海洋文艺》的编辑工作，这就犹如一把锁匙，为他大开方便之门，他因此常有机会接触来自中国的作家。

1978 年，彦火以《海洋文艺》代表的身份随同其它的人接受中国的邀请而到那儿去进行访问。在有关当局安排的"诗人朗诵会"上，很失望的，彦火见不到他久仰的著名诗人艾青。于是，他和香港同去的另一名诗人何达"揣着一串谜、一些纡结"到北京去寻访艾青，与艾青、高瑛伉俪愉快地相处了一个晚上。

回港后，他以访谈配合手头所收集的资料，写成《关于诗人艾青之谜》一文。

此文发表后，何达极为欣赏，力劝他朝此研究，就这样，他写出了一篇又一篇数据完整而鲜活蹦跳的访问稿与评论稿子，引起各方侧目。

1980 年，在刘以鬯的鼓励下，彦火出版了第一部有关作家的研究文集《当代中国作家风貌》，此书出版后佳评如潮，销路极佳，这种反应加强了他的信心，1982 年，又出版了《当代中国作家风貌续编》。这两本书所介绍的作家，多达五十多位，包括冰心、沈从文、唐弢、臧克家、张天翼、柯灵、曹禺、端木蕻良、艾青、蔡其矫、巴金、丁玲、秦牧、张洁、张抗抗、戴厚英、舒婷等等。

许多人都以为这两本书收录的全是作家专访，实际上，只有一篇是访问稿，其它的是评论。

彦火谦和地表示，由于缺乏经验，第一集没有完整的系统，第二集在数据和系统上就显得详细而完整得多了。

注意到彦火在《续编》一书里访问了好些新进的作家，就此而询及他选择访问对象的准则，他缓缓地说：

"我发现中国近年来有一个新的现象，那就是中青年作家创作精神的旺盛是令人讶异的。他们经历了文革的浩劫，真诚被愚弄，感情受欺骗，在精神上承受了深沉的痛苦，痛定思痛，对各种问题都有了较为深刻的看法，因此，写出来的作品充满了觉醒性，而在题材的选用上，也突破了过去旧有的传统，他们的笔锋不但触及各种社会问题，同时还对许久以来被冷冻着的人性问题进行了探索，这可以说是大胆的突破，鉴于此，我觉得有必要加以介绍！"

他以女作家张洁为例，她的小说《爱，是不能忘记的》，即通过一个爱情故事对中国现存的爱情观和社会道德观大胆地提出质疑。全文内容是写一名有妇之夫与一位离婚妇女相遇相恋的故事，男方为妻子的幸福，更为了世俗的道德观念而割舍了这段爱情，两人相约彼此相忘。后来男的在文革中给四人帮害死，女的从此悒悒寡欢，带着到天国去相会的念头，快乐地死去，因为在那儿他们再也不必怕影响另一个人的生活而割舍自己。彦火认为这篇小说的发表"使人震慑于作者穷于探索的巨大勇气和无畏的精神",因此,尽管外界对它的评价毁誉参半,褒贬各异,然而,彦火却以肯定的态度加以表扬。

彦火语深意长地表示:中国中青年作家在经历大时代的冲击后,如果能够吸收外国文学纯熟的表现手法,那么,可能会出现象托尔斯泰一般的伟大作家。

他以坚定而自信的语调说道:

"我现在做的,是属于'面'的工作,待我对现存的作家有了全面的总的概念后,我便会缩小研究面,以'点'的方式深入的研究其中一两位作家。"

彦火去年八月曾受邀到爱荷华去参加"国际写作计划",他利用这机会自行游历了美国十个城市,接触了许多海外华裔作家,他认为他们的成就应被重视,应被表扬,他计划在今年下半年完成一系列的海外华裔作家访谈录。对于喜欢彦火专访的读者来说,这实在是一个很大的喜讯。

彦火本身工作繁忙,而在公余之暇又埋首于如许繁重的研究工作上,他是否有时间和家人共享天伦之乐呢?对此,早婚而拥有两个孩子的彦火略带歉疚的神色说道:

"我的确没有多少时间和家人相处。记得有一次,我到日本去,孩子给我写了一封信,我读了很受感动;信里，她说：'爸爸，我们每个星期当中最快乐的，便是星期天的早晨；因为那天你会带我们去晨跑，晨跑之后吃快餐，然后，你回家闭门写稿，我们则打扫屋子……'，有时想想，孩子盼望与我共处而我却腾不出时间，心情实在矛盾得难受。幸好我的太太能够体谅我，她不但毫不埋怨，还帮我整理资料、缮抄文稿哩！"

（新加坡《南洋商报》，1983 年 1 月 31 日）

彦火谈香港边缘文学

□ 小 励

香港作为边缘地区，看问题会比较客观，如果写中国题材的作品，香港作家们往往会有个比较理性的分析。

常看彦火的文章，也常把他在报上写的小框框剪下来做数据保存，可一直不知道这人还是个"官"！这天约三联书店副总编辑潘耀明做访问，当他把名片递给我时，一见"彦火"两字我就楞住了："你就是……"

彦火只是潘耀明的笔名之一，艾火、彦桦、羽光等等实际上均是潘氏的"代号"。

不受重视

今年刚届四十的彦火，是福建南安人，十岁来港。中学毕业后曾任某报校对、记者、编辑。1977年至1980年底，任"海洋文艺"执行编辑，1983年赴美国爱荷华大学进修，后攻读纽约大学出版文凭，获荣誉硕士学位，回港后活跃于文化界。现为中国作协会员、中国作协福建分会理事，也是香港作协联会的理事。

十几年来，彦火陆续以不同的笔名出版了不少书，其中有散文集《大地驰笔》、《枫桦集》、《爱荷华心影》、《醉人的旅程》……最近他又出了一本新书，叫做《焦点文人》。此书收集了他在《明报》"变焦镜"专栏发表的百余篇文章。在介绍的三十九位文人中，除了大陆的作家、学者外，还有台湾著名的文化人陈映真、白先勇、王拓。身居海外的则有聂华苓、陈若曦等等。彦火在这本集子中，以轻松的笔调娓娓叙述了这些"焦点文人"的琐事轶闻，令人于钦仰这些文人铮铮风骨之余，复时时发出会心的微笑。

最近三联书店和中文大学联合举办了一次为期四天的"香港文学国际研讨会"，身为筹委之一的彦火，对这次研讨会评价甚高。在接受日本读卖新闻驻港记者的访问时，他说："香港文学由于一直得不到国际的重视，因此长期以来海内外类似这样的国际研讨会一直没有搞过。其实香港文学自从1949年开始，它本身就有一批作家队伍，但过去一直没有受到重视。这次的国际研讨会，我们邀请了七十多位各地学者来研究、探讨香港文学的问题，这本身就是对香港文学在国际地位上的一个确认。"

先天不良

很多人说香港文学是"边缘文学",虽然有鲜明的个性,但却很难有发展的余地,对此彦火的看法是:"我认为香港文学本来是有发展余地的,首先它是边缘文学,因此它有发挥的自由,而且自由的余地很大,作家写什么都可以,不会受到限制,这对香港作家的创作提供了很有利的条件。而且香港作为边缘地区,看问题会比较客观,如果写中国题材的作品时,香港作家们往往会有个比较理性的分析。"

至于香港文学为什么长期以来一直不能得到很大的发展,彦火认为主要原因是香港是个典型的商品社会,文学作品起的往往是消遣的作用,这是香港文学发展的先天不良。

在接受日本记者的访问中,笔者感到彦火对香港文学是中国文化的一部分的解释颇具深度:"首先香港文学和内地文学使用的是同一种语言,而且两地作家创作的题材都是与中国人和中国社会有关的。香港文学实际上跟北京文学、上海文学一样,只是带有鲜明的香港特色而已,是带有香港地方色彩的中国文学,1997 以后,更加是这样。"

(香港《明报》,1989 年 1 月 7 日)

独家揭秘金庸先生因何结缘泉州

——访泉籍著名作家、香港
《明报月刊》总编辑潘耀明

　　金庸，这个名字的背后不知蕴藏了多少传奇。"飞雪连天射白鹿，笑书神侠倚碧鸳。"只要有华人的地方，就有金庸迷；只要提到金庸作品，就会引来成千上万的读者产生热烈的共鸣！

　　如今，金庸先生即将莅临古城泉州。是什么力量促成金庸先生的泉州行？近日，本报记者采访了金庸挚友、泉籍著名作家、香港《明报月刊》总编辑潘耀明。

记　者：金庸先生在海内外均享有盛誉，其行程一向紧张，据说出行计划都安排到了 2006 年。作为金庸先生的挚友，您能介绍一下他的泉州行是如何促成的？

　　潘耀明：此次泉州行，是金庸第一次在福建的公开活动，也是他第一次应媒体的邀请出行。

　　我的老家在泉州南安，认识金庸先生后，一直很想邀请他来家乡看看。金庸先生的日程的确安排很紧凑，全国各地很多地方政府、大学、文学团体都向他发出邀请，可他的时间根本安排不过来——比如最近四川之行，便是中国作协于三年前开始筹划的。现在金庸先生在香港有很多的文化活动要参加，同时他还兼职浙江大学博士生导师，带了三个研究生，每年要在杭州呆三个多月授课。最近，他还着手《中国通史》的写作。

　　金庸先生的泉州行也已筹备了两年多。作为古代海上丝绸之路的起点，泉州是一个文化古城，拥有多种宗教，多元文化突出。这里还有许多名胜古迹，如东西塔、老君岩、洛阳桥等。在金庸先生的武侠小说里，他曾多处提到有关泉州的人和事，如明教、天地会，如施琅、郑成功、陈近南、冯锡范。这说明金庸先生对闽南文化是有涉猎的，也是了解的。

　　金庸先生泉州行之所以能够促成，原因之一是泉州晚社多次盛情相邀；二是我与金庸先生多年亦师亦友的关系，由于邀请金庸先生来泉是我多年的心愿，所以从中极力促成。

金庸先生能来泉州，实现了我多年的心愿。我的母亲1989年从香港返回泉州居住后，我每年回来探亲，都能感受到家乡的变化，家乡人文化素质的提升、城市的迅速发展壮大都令人振奋！现在，泉州已是国际花园城市，最近又被评为最佳中国魅力城市，金庸也是评委之一，他投了泉州一票。

我与金庸的不解之缘

记　者：我们知道，在香港报界，金庸先生和您的忘年之交成为一段佳话。据说金庸亲下聘书邀您到《明报》麾下？

潘耀明（微笑）：金庸先生对我有知遇之恩。我和他的从属关系可以溯自1990年的某天。那天时任《明报》总编辑的董桥打电话给我，说金庸先生要见我。金庸是我极为崇拜的作家和报人，此前彼此只在公开场合见过几次面，并不太熟悉。听说他要见我，让我觉得意外，但同时也非常高兴。

当时《明报》报馆在香港市区北角，我来到金庸先生的办公室，里面有很多书，给人一种"坐拥书城"的感觉。寒暄过后，他让我坐一会儿，然后移步到写字枱，亲自写了一张聘书给我，邀我加盟《明报》。

　　金庸先生很细心，连我在三联的薪金都打听得清清楚楚，并给予更优厚待遇，且在聘书中将薪金也写得明明白白。他要我任《明报月刊》总编辑兼总经理。当时《明报月刊》在海内外文化、学术界有崇高的地位，之前几任主编金庸先生、胡菊人、董桥等都是香港报界很有名望的人，但他们只当总编辑不兼总经理。

　　我知道金庸先生的苦心，因为《明报月刊》当时销路下降得很厉害，他希望在文化与市场上取得平衡，兼总经理有一个对杂志营业部管理之责，是要我搞好杂志发行工作。不管怎样，单是金庸先生亲下聘书这一举动，已令我热血澎湃、感动万分。虽然当时我任香港三联书店董事兼副总编辑，办理辞职手续有一定程序。我却顾不得这么多，当场在聘书上签了字。

　　此后的日子旦，我在金庸先生主持的《明报》工作。金庸先生很随和，没有什么架子——在报馆他是我的老板，在文化的因缘上是我尊敬的老师，日常交往中更是我的畏友。

金庸的个人魅力是《明报》成功的秘诀

　　记　者：作为《明报月刊》的总编辑，您认为金庸先生创办的《明报》报纸系列成功的秘诀在哪里？

潘耀明：金庸先生不仅是一位成功的报人，也是一位成功的企业家。他深谙现代商业管理之道，人才是第一个要素，因此他很重视人员的聘用和人才的破格引进，在办报期间罗致了不少文化界精英。我想，这跟金庸先生的个人魅力、凝聚力、名望有关，金庸先生就是凭借个人非凡的气度、风范，凝聚了一批社会文化传媒和经营管理的佼佼者。

金庸先生从青少年时代开始就一直喜欢看书做学问，办《明报》后每天坚持写一篇社论、写一篇连载武侠小说。《明报》的成功有三大法宝：社论、小说连载和办报理念。金庸先生认为，报纸是社会公器，必须客观、持平、包容，容纳社会不同政见、不同阶层和不同种群的声音，兼容多元文化。"有容乃大、兼收并蓄"一直是金庸先生所提倡的。这就是《明报》之所以受到知识分子、专业人士喜欢的原因。

如今的《明报》已经从一个单一的报纸发展到成为拥有四份周刊、一份月刊、两家出版社、一家旅行社的传媒集团，香港某大学新近一项调查显示：《明报》是香港公信力最高的传媒。

金庸先生创办的《明报》利润一直很高，在他主持《明报》的晚期，年纯利达2亿港元。1994年金庸先生将《明报》卖了之后，创办了明河出版集团有限公司，邀我任新公司董事总经理。他原想筹划一份杂志，连载自己写的历史小说，后来因为他动了心脏大手术，此计划便中断了。我在金庸先生的公司里其实只呆了一年，但无论是在工作、文学创作方面，还是待人处事、企业管理方面，他都是我学习的楷模。

金庸先生正在编写《中国通史》大纲

记　者：金庸先生曾表示晚年将在史学方面有所作为，他曾计划编写《中国通史》，目前进展如何？

潘耀明（微笑）：金庸先生一生有四个理想：第一个是，少年和青年时期努力学习，掌握相当的知识和技能。第二个是，进入社会后辛勤发奋，做几件对自己、对别人、对社会都有利的事。第三个是，衰老时不必再工作，能有适当的物质条件，健康、平静愉快的心情和余暇来安度晚年，逍遥自在。第四个是，他创办了《明报》，确信这项事业对社会有益，希望它今后能长期存在，继续发展，对大众作出贡献。金庸先生基本上已成功实现了这些理想了。

作为热爱金庸作品的读者，我们希望退休后的金庸能够写出更多的作品。其实他具有多方面的写作才能，他之前为《收获》杂志写的中篇小说《月云》（这也是我从中牵线的），可读性极高。

金庸先生的《中国通史》在技术上曾一度发生困难。他认为，无论是中文还是外文的有关中国历史的著作，从史料价值而言，都有较大局限，主要是没有融合新近关于考古文化发现的新资料。所以他一直希望能重新写一部较完整的通史，这需要做很多数据的搜集，并对素材进行归类整理、梳理、融化，这对一位八十岁的人来说是极具挑战性的！但以金庸先生的文化涵养，一旦写出来，肯定很精彩。这次四川行，北京大学严家炎教授告诉他一个好消息——关于中国考古方面的成果，有关方面已出版了一套光盘。相信这将为金庸先生撰写《中国通史》创造有利的条件。目前金庸先生已经开始了大纲的写作。

"金迷"涵盖社会各阶层

记　者：作为读者，能谈谈您对金庸小说的认识吗？

潘耀明（微笑）：其实我读小学的时候就喜欢看武侠小说，特别是金庸先生的作品。金庸先生于 1955 年开始写武侠小说，1957 年我到香港读书后一接触他的小说就"迷"上了。

当时的香港，以金庸、梁羽生为代表的新派武侠小说，一开始就受到政府、学校和家长的排斥，在学校里更被视若禁书。当局认为新派武侠小说等同于庸俗小说，对孩子心理会产生不良影响。

而我在迷上新派武侠小说后还学着写，有一次被班主任发现后受到警告：下次重犯，将被学校记大过！可是多年以后的香港，金庸先生的《射雕英雄传》却被教育部门列为学生的课外读物，某些选段甚至被编入了教材。

虽然当时新派武侠小说受到排斥，但它逐渐受到愈来愈多读者的喜爱。上世纪50年代后期，金庸先生的《神雕侠侣》在《明报》上连载，更在电台上连播，在香港被称为"讲古"。每到"讲古"的时间，车上、商场、街巷都有许多人围着收音机在收听，从而掀起了新派武侠小说的热潮。

后来，金庸武侠小说的读者从市民扩大到了政界及学界人士，据说政界的邓小平先生、王震将军、蒋经国先生，科学家杨振宁、李政道、陈省身，中国科学院院士王选先生，著名学者程千帆、钱理群、刘再复等都读过金庸先生的小说，并为之倾倒。

金庸先生的作品甚至飞跃了国家的疆界，法国总统希拉克、韩国围棋国手李昌镐都自称是"金庸迷"。据了解，金庸先生的作品问世以来被翻译成多种文字畅销海外，总发行量已经超过三亿套，在全球当代作家中首屈一指。

融合了中国传统文化的精粹

记　者：从市民阶层一直到政治家、科学家、学者，金庸小说的读者层次为什么会发生这么大的变化呢？

潘耀明：很简单，金庸武侠小说是很纯粹的汉文，没有丝毫的欧化痕迹，是中文书写方面的典范。

我国自五四运动以来的白话文欧化色彩严重，与传统文化产生割裂。而金庸先生受明清笔记影响很深，他的文字典雅清丽，文笔恣肆，从中单独抽出一段文字就是周作人所说的"小品"、"美文"。

武侠小说注重武打情节，但金庸先生自己不懂武功，除了诡秘的情节外，他的真功夫在于对文字的驾驭能力，他的作品集儒、释、道和琴、棋、书、画于一体。金庸的武侠小说只是一种框架而已。可以说，金庸的小说融合了中国传统文化的精粹。

《天龙八部》最令我感到震撼

记　者：一千个观众心中有一千个哈姆雷特，同为"金迷"，您最喜欢金庸的哪部小说？为什么？

潘耀明：《天龙八部》。我个人认为，文学作品最震撼的是给予人们一种心灵深层的感受，而不仅仅是激情，如读后哭一场或笑一通。后者来得快也消失得早，前者却令人刻骨铭心。

五四以来的大多数现当代作品充满了激情，抒情的味道很重，读后也许很受感染，但眼泪与笑声总是稍纵即逝的。金庸的《天龙八部》很有重量感，里面的主人公乔峰有着复杂的身世背景，有汉人传统的道德观念和契丹人豪迈粗犷的风范，有族群矛盾，有爱情交错，恩怨情仇，斩不断、理还乱，十分复杂。这部小说我看了好几遍，每次看完后总有一种伤痛铭刻在心坎里，久久不能排除。

我想，《天龙八部》可与世上任何一部名著相媲美！

金庸作品塑造最成功的人物是韦小宝

记　者：金庸先生的十五部武侠小说中塑造了数以千计的人物，您认为哪个人物塑造得最为成功？

潘耀明：说到人物形象，金庸先生笔下《鹿鼎记》中的韦小宝无疑是最成功的。这是一个即使在现代社会也随处可见的小人物形象：不学无术、诡计多端、靠钻营来牟取利益，为迅速达到目的而不择手段，但他恪守江湖道义、重友情。很多人对韦小宝娶了七个老婆的安排很不满意，其实这是一种漫画式的反讽。整体而言，金庸先生对此类人物的批判多于肯定。

金庸最近讲话表示将修订自己的小说，也许对韦小宝的结局作了小改，要给他一点教训哩。

金庸作品经得起时间之河的淘洗

记　者：对于社会上曾一度掀起的"拒绝金庸"风、认为武侠小说不能登大雅之堂之说，您是怎么看的？

潘耀明（微笑）：这是一种未经思考的妄断！其实当年《红楼梦》、《水浒传》、《西游记》、《三国演义》等四大名著何尝不是被当做闲书而受到排斥？沈从文当年在学堂看《红楼梦》时也受到老师的斥责！

我个人认为，文化俗到了极致就是雅。《金瓶梅》即是一例，因为它们是与时代最契合的。金庸武侠小说的题材、人物均来自社会现实生活——《笑傲江湖》中充满野心和自我膨胀的左冷禅、岳不群、任我行、东方不败，一味歌功颂德的马屁精，不就是在折射社会现实生活吗？

西方关于文学的定义是较广泛的，好的作品，它必须与时代、与社会衔接，感染广大读者，经过时间长河的淘洗之后价值日益突显。法国作家大仲马当年的作品《三个火枪手》等被认为是俗品，多年以后却成为世界名著。

我相信，金庸的作品经得起时间之河的淘洗，并且将越加晶莹剔透。

金庸先生将在泉州悠闲地游走

记　者：您能透露一下金庸先生泉州行的安排情况吗？

潘耀明：金庸先生是第一次踏足闽南，他博览群书，对许多未曾到过的地方都深有了解。比如对泉州，他知道这里曾被马可·波罗赞许为可与亚历山大媲美的东方第一大港。与到其它地方不同，金庸先生此行将有较宽松的时间，可以较从容地游览这座文化古城。

（《泉州晚报》，1994 年 11 月 16 日）

潘耀明致力图书发展新路向

□ 林翠芬

　　近年来电子媒介发达影响流行书的销量下降，不过，在本港从事出版工作逾廿年的前任《明报月刊》总编辑暨总经理潘耀明认为，把书籍包装成为"城市礼品"，并加以推广，是图书发展的一个新路向，这是一个有待开拓的市场。

　　潘耀明指出，在外国，书籍可用来送礼，成为主要礼品之一，西方家庭看书是生活的一部分。虽然电子媒介已抢去了一些潮流书和消闲书的读者，但实用书和专业知识书籍的销路则不断增加。

　　他说："香港出版业主要是市场狭窄，如果某些知识性和欣赏性的书籍，经过礼品式的包装，从而打入精品店和大百货公司礼品部，可以大大地扩大图书市场。"

　　在几年前，当潘耀明任职三联书店副总编辑并兼任

第一辑 访谈

南粤出版社总编辑时，曾策划一套在情人节推出的文化礼品，颇受本港传媒瞩目。

潘耀明现年四十七岁，是福建人，出身于菲律宾华侨家庭，生于中国大陆，十岁来香港，曾任报章记者、编辑和一份文艺杂志的执行编辑，1979年加盟本港三联书店，1983年负笈美国深造，1985年回港，继续在三联书店工作，并出任中华版权代理（香港）公司董事经理。

1991年，潘耀明应《明报》集团前任主席查良镛之邀，担任《明报月刊》总编辑兼总经理，刚于本月离职，下月将出任查良镛属下明河社出版公司董事总经理兼总编辑。

明河社向来是专门出版金庸的武侠小说，潘耀明表示，相信该社将来也会出版一些有水平的文化、实用和专业知识书籍。

被喻为《明报》最后一个书生

潘耀明笑言，《明报》现任老板于品海曾在多个场合半开玩笑地形容他是"《明报》最后一个书生"，大抵意喻他太书生气吧。

"其实，我在美国进修，主要研究的大多是商业杂志。"潘耀明微笑道。他当时在纽约大学修读出版管理和杂志学课程，并研究中国杂志历史。纽约是世界杂志和出版中心。

潘耀明说，美国杂志很重视特性和风格，编辑思想是千万不要"人有我有"，而要"人无我有"，要建立自己的作者队伍，才能凸显杂志本身的风格。例如美国两份在超级市场畅销的妇女刊物（*Woman's Today*、*Family Circle*），虽同样以家庭主妇为对象，但无论在编排和内容方面都各有特色。反之，假如盲目跟风，只会导致恶性竞争而终被淘汰。

他指出，美国的出版管理学，是以现代科学企业管理观念为经纬，归纳出整套从选题策划、市场、编辑、出版和推销的学问。

美国出版管理学的特点之一，是把杂志"人格化"，例如一本名为"GEO"的高级旅游杂志，它的 presentation，是以一个高收入的"单身贵族"为其表象，并分析其嗜好、衣着打扮、气质和心理状态的特点，在内容、题材、编排均要以这些特点为取向，从而建立一份杂志的风格，和作出市场定位。

潘耀明本身比较喜欢办文化杂志，他认为，办一份具学术价值的杂志，也可以有社会普遍意义，而不一定成为"学报"型的同人杂志。

他说："我接任主编《明报月刊》时，已看到当时香港市场上的政论杂志已被报章大篇幅的论坛版的功能取代。何况，杂志的财力资源都比不上报章。"

东方杂志应用西方理念

潘耀明表示，他尝试以西方出版管理和编辑思想应用于东方杂志上，希望把《明报月刊》办成一份"泛文化杂志"（即广义的文化之意），从文化角度探讨社会现象与思潮，是社会性较强的文化，而非静态文化。

他指出，《明报月刊》的订价由四年前的十二元增至现时的三十元，是同类杂志零售价最高的了，而销路依然相当稳定，读者人数由接手时不到三万人增至目前逾六万人。

潘耀明谦称，他自己的工作成绩与理想仍有相当距离，"我只尽了力而已"，他说道。回顾这几年间《明报月刊》的内容，有不少国际级学者和专家的文章首次在该刊发表和接受访问，除引起华人知识界的回响，也引起外国学界的重视，《明月》的文章经常被译成各种文字，为外国报刊转载。

另外，在三联书店任职期间，潘耀明曾试图策划一套贯串古今的《中国文学大观》文化丛书，其中包括已出版的十五套文丛，此外，他还策划了一套共五十种的《西方文化丛书》，把西方的文化思潮介绍给华人读者。他表示，上述这套计划因商业因素而被搁置，希望将来有心人把这个庞大的文化出版计划付诸实现。

被问及对九七前后香港出版自由的看法，潘耀明认为，他相信日后香港的出版自由应比新闻自由的情况要好些，原因是文化方面的出版工作，没有那么政治化，因而所受政治干预的影响会相对少些。

他说："文化跟政府与市场潮流距离太近，都反而会受淘汰，文化应是超越政治与时空的领域的。"

事实上，他指出，现在很多外国大出版机构也在香港设点和扩大在本港的投资，以及加强在香港的中文出版业务，可见外国出版界也看好香港未来的市场；以作为将来打入大陆市场的通道。

潘耀明表示，如没有意外，他自己也希望坚守文化出版岗位，甚至跨越九七，并为香港未来出版事业尽一点棉力。

（香港《联合报》，1995 年 3 月 21 日）

杂志随想

——与潘耀明先生对谈

□ 张信刚

张信刚： 今天我们的嘉宾是《明报月刊》的总编辑和总经理，也是明窗出版社的总编辑潘耀明先生。你好！

潘耀明： 你好，张校长！

张信刚： 我们今天的题目叫做"杂志随想"。可是，我想这题目可能有一点太拘谨了，不一定非要谈杂志不可，潘先生在出版方面、在文学方面、在写作方面都有很丰富的经验。但目前在一个非常有名、非常有传统的一个月刊任总编辑，所以我们取名叫"杂志随想"。但是我想我们可以从杂志谈起，不必限于谈杂志，好不好？

潘耀明： 好。

张信刚：那么首先是不是可以请你把你学习的经历、工作的情况向我们的听众简单介绍一下呢？

潘耀明：我长期都是在文化、出版方面工作，可以说是从中学开始。当时是 60 年代。那时香港有一个文学潮，很多中学跟大专学校的青年都热衷文学。当时我所读的中学有一个叫"豪志文社"，取豪情壮志的意思。当时条件比较差，我们只是油印和刻蜡板，自己当主编，请些同学、老师写稿，我开始对期刊有点兴趣，不过，当时只是学生时期的作品罢了。

张信刚：那么你后来怎样正式入了出版界呢？

潘耀明：我最早是在报纸当见习校对，然后再升为校对，然后见习记者、记者，然后再当报纸的编辑。到大概 70 年代初期，当时有一个出版集团，想筹办一份画报，这份画报是属于旅游性质的，叫《风光画报》，我算是督印人。这实际上就是现在《中国旅游》杂志的前身！

张信刚：那个时候是什么单位出版的？是中国旅行社呢，还是三联出版社呢？

潘耀明：最初是三联出版社，后来转给中国旅行社就办成《中国旅游》杂志。

张信刚：所以你是个全方位的，科班出身的文化人，从见习记者、记者、到杂志督印人，后来呢？

潘耀明：后来我一直就做出版工作。跟文学有点关系是因为我自己在业余时间写些散文、评论。后来有一个机会就进到《海洋文艺》杂志，一个纯文学的杂志，这个杂志办了大概八年，在香港 70 年代后期是有点名气的。这个杂志后来市场的销路不大理想就结束了。当时发行大陆的图书只有一家，就是三联。他们想筹办一个编辑部，那时的主持人是蓝真先生，他请我去跟他一起开始筹办三联的编辑部。我在那边大概呆了十多年，主要这家属于中资的出版社，它本身资金比较雄厚，另外，可以支持出版一些带有一点文化哲理的书籍，当时我前后策划了十套文库，里面包括我本来就有的设想，就是想策划出版一套从古到今，从内到外的《世界华文文学大观》。实际上当时已经开始在做了，但是……

张信刚：这个野心相当大，如果是《世界华文文学大观》的话，四库全书都要包括进去了。

潘耀明：其实，我那是比较狭义的意思。

张信刚：纯文学？这样经史子集就不一定进去了？

潘耀明：是纯文学。因为当时出版集团的负责人很支持，我当时是从《诗经》出起，出了《历代诗文选》，然后出版《历代散文选》，然后出到《现代中国选集丛书》，从五四出起，本来想策划出到当代，后来策划了一套《海外文丛》，就是海外华裔作家的选集，还有《台湾文丛》、《香港文丛》。这几套文丛，除了《当代文丛》没有实现以外，其它文丛有些继续出，有些已经出齐了。但是，古籍的出得差太多了。

张信刚：这几套书要花很多精力下去吧？

潘耀明：主要是我，当时在三联编辑部还有一位萧滋先生是总经理。

张信刚：他自己好像也写散文，我看过他的散文。

潘耀明：对，我们一块工作，主要是他给我很大的支持。

张信刚：是不是后来你离开了三联，有一段时间到美国去求学了呢？

潘耀明：对，当时是 1983 年。美国爱荷华大学有一个写作计划，叫做"International Writing Program"—"国际写作计划"，那边邀请我去。

张信刚：就是聂华苓跟他的丈夫保罗·安格尔主持的

那个？

潘耀明：是他们主持的。那个写作计划每年邀请世界各地三十多个国家跟地区的作家到那里相聚交流三个月。在三个月期间，它有些讲座让来自世界各地的作家谈本地的文学。

张信刚：我知道台湾也好、中国大陆也好、香港也好，很多对文学有造诣的人都曾经在爱荷华呆过一段时间。

潘耀明：对呀，在香港它请的文化人也有好几个，好像戴天、李怡都去过。比如台湾的余光中、痖弦也去过。还有美国的郑愁予他们都在那边呆过。

张信刚：甚至大陆过去的文化部长王蒙都去过。

潘耀明：对，王蒙。1979年曾经有一次"中国周末"比较哄动，因为台湾的作家跟来自中国大陆的作家就在爱荷华会面了。台湾的作家有痖弦等几个，大陆去的有萧乾先生。

张信刚：你在爱荷华"国际写作计划"呆了一段时间之后，又转到美国的另外一个学校去念硕士学位，是吗？

潘耀明：对，到纽约大学念杂志学跟出版管理。

张信刚：这个杂志学硕士学位需要念多久？

潘耀明：一至两年，属于修学分的。

张信刚：因为我们今天是"杂志随想"，所以请来你这位杂志学硕士就很有道理啦。这个硕士学位，主要是学些什么呢？

潘耀明：纽约是美国的出版前线，我们主要研究和分析的都是商业杂志。当时我们的一个导师，他本身就是"New York Times"的总编辑。关于营业方面的，比如我们请"Life"杂志的总经理来给我们上课，还有一些出版社的社长，他们谈的是属于一些实用性的内容。

张信刚：那么念完了硕士学位之后就回香港了？

潘耀明：实际上当时我在纽约还是替三联工作的，比如刚才讲的《海外文丛》，就是我在纽约帮三联书店组的稿，因为它当时还给我一些补贴。

张信刚：我其实很想引导你谈一些你的写作生涯，因为我前面介绍过而且我最早认识你是从你的著作开始的，我并不知道你是一个从事杂志编辑的人。我只知道你的笔名，叫彦火、艾火，还有其它的笔名。既然我引了半天，没有引出个名堂，不如我们先听一小段音乐，然后再请你讲你的写作生涯。现在，请各位听众先欣赏一段肖邦的钢琴作品，一首序曲（Prelude）。

（音乐）

张信刚：刚才我们谈了半天潘耀明先生的工作，他很谦虚，没有把自己的作品报出来。有很多作家，跟他还没说两句话，已经自我介绍了，出过多少书，写过多少作品一一报来。今天我用旁敲侧击的方法，迂回曲折用了十几分钟，都没听到你自我介绍，现在我只好采取单刀直入的战术，请你自己报一下你的作品及你最喜欢哪一本书。

潘耀明：刚才提到我从中学开始搞文学，开始写些小文章，主要在两个青年刊物上，就是《青年乐园》和《中国青年周报》。在《青年乐园》我发表过一些文章。后来我在报馆工作，给我影响最大的是曹聚仁先生。

张信刚：《北行小语》、《北行二语》、《北行三语》的作者，是不是？

潘耀明：对，他是一个很著名的报人，也是一个很出名的作家，当时我在那家报纸叫《正午报》，就是在中午出的。当时号称有十三万读者。曹聚仁先生就在副刊写稿。他比较喜欢接近年青人，经常和我们聊天，他说你们趁年轻，可以自己定出一个研究项目，做一点研究，开始搜集资料。在他的启发下，我觉得自己对当代大陆作家很感兴趣，特别五四以来那些作家，所以我开始写档案。

张信刚：是不是做卡片？

潘耀明：对，以前我的家就像中药店一样，摆满一盒一盒的卡片，例如巴金等作家，我都给他们开一盒卡片。当时很有劲，年轻嘛。积累了半天数据，开始发表一些关于当代中国作家的文章，有些是凭印象、有些是采访、有些是评论。因为当时我有一个优越条件，我在《海洋文艺》当编辑，跟这些作家有些接触。在我之前，有不少人研究当代大陆作家，但有一个缺陷，他们不可能跟作家发生直接的关系，数据都是从报纸、杂志或者从图书馆得来的，如果数据是错的，那么，他那篇文章也会跟着错了，一家错，家家错。我就觉得我的条件比他们稍为好一点，我的数据可以直接跟作家核实，后来我就开始发表一系列关于当代作家评论的文章。后来有一个老前辈作家叫刘以鬯，他看了我的东西，他觉得有出版价值，就推荐了一个出版社给我出版，所以后来编辑起来，叫《当代中国作家风貌》，分上下卷，大概有五十万字。出版了以后，汉城有一家大学出版社把它翻译成韩国文。

张信刚：哦，这五十多万字是多年来的精心力作，还翻译成韩文，不简单！

　　潘耀明：当时，老实讲，我在研究方面不算很深入。

　　张信刚：但是当初我接触到你的不是这些，而是你的杂文、随想这些东西。今天我们的节目叫"张信刚随想曲"，我知道你有一两本书就用"随想"这名字，是不是？

　　潘耀明：是的，后来我就给报纸写些散文啦、随笔啦，后来，甚至最高峰时期在四家报纸开四个专栏。当时我的印象是这四家报纸都是有一点代表性的。

　　张信刚：那是很了不起的。好，现在我想你已经回答了我的问题了。我知道你出版过很多本书，你觉得有分量的应当是《当代中国作家风貌》正篇和续篇共 50 万字。我知道大陆和台湾都有出版。

　　潘耀明：台湾有出版，大陆呢，有些文章他们有转载，有一些一直没有在大陆出版。

　　张信刚：所以全版只是香港、台湾有出，韩国有翻译。那么你的散文、随笔，你愿意给我们介绍那一本呢？你不用介绍太多，介绍一本，好吗？

　　潘耀明：我比较喜欢我的《那一程山水》，那是台湾皇冠出版社出的，实际上在大陆，花城出版社也出过大陆版（简体字）。因为我有一段时期去编旅游画报，游记，所以到内地、外国很多地方去走过，所以我比较喜欢这本游记。

张信刚：《那一程山水》这名字就很有意思，你从做编辑开始，转了一圈，现在又亲自策划做《明报月刊》的总编辑、总经理，有什么感想呀？

潘耀明：实际上我跟《明报月刊》有一段渊源。1991年查先生，就是金庸，突然找我。我平常对金庸先生很尊敬，而且我也读过他的武侠小说。

张信刚：没有什么人没读过的。

潘耀明：实际上，我跟他并没有私人交往，都是在公众场合见面。那天他突然打电话给我，要约我谈谈，他是通过董桥先生打电话给我的。于是我上去他的写字楼看他。他很爽快，他说，你等我一下，他就亲自写聘书给我。

张信刚：当场写聘书给你？

潘耀明：我虽然在很多公司工作过，但还没有看到一位老板那么诚恳，我当时很感动。实际上我当时还没辞职，但我当场就签了。签了以后，因为当时我还在三联书店挂了一个董事职衔，还是副总编，辞职要提早三个月。我签了合同以后，才递辞职信。1991年我就开始编《明报月刊》，一开始就当他们的总编辑兼总经理。后来查先生出售了《明报》，接着他老人家办了一个明河出版有限公司，他请我过去，所以，1995年我离开《明报月刊》，到了查先生私人的公司工作过一段时期。后来又回到《明报》，已经换了老板，现在的老板叫张晓卿先生。今年二月份古兆申——前一任主编，离开了，他们希望我兼任《明报月刊》的主编。对《明报月刊》，我有一份感情，就是说好像"重逢"的那种感情。《明报月刊》其实一直都在变化，它的风格是很鲜明的。从查先生他自己创刊、自己主编、到胡菊人先生、到董桥先生，前后经历了大概有七、八位主编，都保持了相当高的学术水平和杂志的格调。

张信刚：我是《明报月刊》的长期读者，我二十几年前已经常常读《明报月刊》，当然我从来就知道《明报月刊》不是一份销路非常广的杂志，即使在二十年前，在全盛时期，卖的份数恐怕也不是很多的。但是它有一个自己的格调，当然有一段时期我也不太愿意看，因为它讨论红楼梦太多了，变成红学专刊了。可是，整个说来，它的思想性、人物介绍、文学水平方面都是非常好的。胡菊人、董桥，还有其它的像古德明也做过……

　　潘耀明：张健波也做过。

　　张信刚：它在香港的知识分子中间不能叫同人杂志，但它是许多知识分子所推崇的一本杂志。二十多年或者三十年来都是有地位的。那么我现在想问一个问题，杂志有来有去，办不下去的很多。有的是因财政问题，有的是人事问题，有的是因为读者因素，《明报月刊》是因为靠着《明报》集团的强大财力，能够一直支持那么久呢，还是因为实在它的收入可以让它这样维持下去呢？

　　潘耀明：《明报月刊》在经济上一开始是相当不错的，创刊是在 60 年代末期，当时市场上文化杂志就只有《明报月刊》一家，现在的《九十年代》还没有出来，《明报月刊》创刊时不是很畅销，后来到胡菊人先生时期，《明报月刊》的销路比较好，但是《明报月刊》在查先生的整个规划中不是作为一份商业性的杂志，它在整个明报集团里面比较带有……

　　张信刚：比较高档的、比较严肃的。

　　潘耀明：对，过去他跟我讲，《明报月刊》要像名牌，等于是《明报》企业有一个文化上的名牌。所以《明报月刊》在经济上我相信它应该不属于赚钱的。

张信刚：好，让我们先休息一下，听一首肖邦的作品，一首 Mazurka 舞曲。

（音乐）

张信刚：我们继续谈杂志。我觉得，中国的印刷术虽然是最早的，书、纸也是中国发明的，中国的刊物也最多，但是作为一个期刊，定期的形式，并且是综合性的形式出现恐怕是由欧洲人开始的。

潘耀明：对。

张信刚：是不是这样的一个情况？你当初念杂志硕士的时候，恐怕也会涉猎到期刊的历史呀。

潘耀明：外国杂志的起步和发展应该说比中国早，而且更蓬勃，比如他们对杂志的研究本身就是一门学问。当时我在纽约大学曾经念到杂志封面设计的课程，他们说封面设计的颜色对人的皮肤是会有反映的，所以，你看外国杂志，关于女性的杂志都跟红色有关。他们说，红色对女性的皮肤有一种条件反射作用，总的来说，在研究方面，他们也很肯下功夫，发展也比较快。

张信刚：人家的工作已经做得那么细致入微了！我知道美国的开国元老 Franklin 都编过杂志。美国当初在鼓吹独立的时候，也有很多人编过期刊、编过杂志，在北美洲至少在 18 世纪中期，杂志已经很多了，欧洲还要更早。当初他们的杂志也是学术型的，很多时候自己有个理想才去办杂志，那个时候没有人把它当作是商业的行为。恐怕最早的期刊在美洲也好、欧洲也好，都是一个人有话要讲，或者有一个目的、一种学说要宣传，希望争取到人家的支持，才去办刊物的。

潘耀明：对，中国的情况也是这样，中国过去都是文人办报，文人办杂志，跟现在很不一样。

张信刚：那么什么时候开始，杂志也好，期刊也好，缊成大众传媒的一部分，按现在的市场规律来经营，并且要受现在市场规律的影响，要符合读者的胃口？这个大概是什么时候开始的呢？

潘耀明：很准确的年代我也不大清楚，我估计在 20 世纪初就开始了。特别在西方就开始了从商业角度去办杂志，他们说从办杂志里可以发财致富。

张信刚：至少在报纸上说来，19 世纪末期，美国就有所谓 Yellow Journalism。比方说 Hearst 报系当初就是这样的一个态度，什么可以卖钱，他就登什么。甚至可以为了可以多卖新闻，而在报上制造纠纷，鼓吹战争。那么，杂志跟报纸又不同了，一般说来我个人所接触的杂志，多半是有一定的目的，有一定的方针的，不完全是为了迎合读者的口味。

潘耀明：因为你是文人嘛！

张信刚：但是现在有哪些杂志完全是以读者的口味来取决它内容的呢？

潘耀明：实际上现在在西方叫 Trade Book, Trade Magazine 的那些商业杂志，全都是以市场为主导的。张校长提到，中国在过去办报纸、办期刊基本上都是有点文化理想，为了某个目的去办的，基本上是文人在办。但是现在呢，香港很多杂志是商人在办，商人办杂志是香港近年的一个主要特色。所以，在香港市场上，从销路到覆盖面来看都是以商业杂志为主。

张信刚：你说商业杂志，是说动机是商业，还是内容是商业？

潘耀明：两方面都有，纯粹迎合读者的心理。

张信刚：现在到了传播事业非常发达的时候，我觉得有一个我没法了解的现象：就是传播非常发达，印刷事业也好，无线电波的应用也好，信息非常的灵通，我们今天可以一秒钟之内就知道德国发生什么事情、阿根廷发生什么事情，可是人们是不是真的能够掌握到这么快速的信息？是不是真正对某些事情的看法就更正确呢？我不敢说，这当然不是你们办杂志的人的责任，但是我想听听你对传播事业的发达跟人类没办法选择这些信息的矛盾，你怎样看法？

潘耀明：我们讲我们处在信息爆炸的时代，刚才张校长还提到，现在信息来得很快，可以通过卫星电视、通过计算机 Internet，所以现在香港的传媒，比如我刚才讲的商业杂志，它不光是以信息为主，实际是以读者的心态作取向的。比如现在比较流行的一些商业杂志，全都是一种商业行为，跟踪影视界，这是外国的小报的一些做法，就是狗仔队的做法。

张信刚：一般上，大家都认为是从英国开始的，但是，后来到了澳洲的梅铎先生的手上就愈演愈烈了。

潘耀明：是的，它主要利用影视圈的娱乐新闻吸引读者，从这方面去满足读者那种小市民的心态。

张信刚：所以，对一个杂志来说，或者对一个严肃的刊物来说，是一个很大的威胁。就是说，一般的市民，他的时间是有限的，他要工作，要吃饭，要照顾家

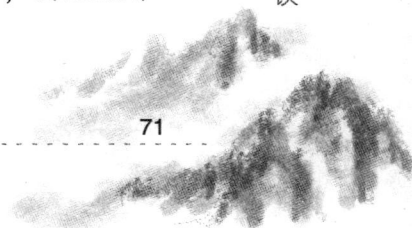

庭……拿我自己来说，我是一个比较喜欢阅读的人，你问我，最大的嗜好是什么？我会说就是阅读。即使一个毕生以阅读为最大嗜好的人，我一天或一个星期所能够读到的刊物的数量是有限的，因此我也需要选一选，尽管我兴趣很广，但我没办法有那么多时间去接触那么多。电视、收音机，各式各样的报纸，之外还有杂志，这些杂志它不像报纸每天都会摆在你面前，杂志是要你主动去找它的。电视、收音机、报纸都还有点规律性和强迫性的。在这个情况下，杂志的竞争，我相信一定是非常剧烈的。就拿美国来讲，你刚才讲，纽约的文化出版事业最发达，是全世界最发达的，没有人否认这一点，但是纽约很负盛名的，我自己个人欣赏了几十年的"New Yorker"，就被迫要改变风格并且从英国请来一位较通俗化的总编辑来拯救它，不然的话，它几乎就要关门大吉了。

潘耀明："New Yorker"本来是一本很成功的美国杂志，它最高峰的时候，销路每期有六、七十万份。但是后来居民的口味发生了变化，就是说很多读者来信，反映一般小市民从消闲心态去选择杂志。因为白天工作压力很大，社会节奏也很快，为了迎合这些心态，现在很多杂志，比如"New Yorker"，它现在比过去的格调是放低了，可以说是更迎合读者了。

张信刚： 对，它当然还保持过去的一些风格，主要是介绍一下哪里有什么展览，哪里有什么演奏会，但是过去的"New Yorker"最大的长处是有一些有深度的报导，而且文字是一流的，我不知道是因为它的作者本身程度高，还是因为它的编者的编辑水平高，所以从前"New Yorker"的每篇文章都可以作为英文模板，目前，我想就不一定是这样了。同时，它的风格就差了很多，但是也因此它才能转亏为盈，把"New Yorker"起死回生。这位英国来的 Turner 女士就把"New Yorker"挽救回来了。那么是不是可以问一个问题；刚才讲的格调很高的《明报月刊》，我个人作为一名知识分子，二十多年来始终看它，今天在你手上，你是要做查良镛先生的那种风格呢，还是要做 Turner 女士的风格呢？

潘耀明： 这是一个相当难回答的问题。现在我觉得杂志的主编或者一个编辑，他面对的，是一个市场的问题，我觉得不管你是文化性的杂志或者商业性的杂志，这个市场问题都应该要适当的兼顾。比如《明报月刊》，我在"编者的话"里说，它是一个泛文化性的杂志，广义上的文化性的杂志，它不是狭义的文化性杂志，因为有些社会现象，可以从文化角度去探讨。我想《明报月刊》应该加强社会性和时代性，前些时候我们作了一个读者调查，《明报月刊》以前读者成分有很多是大学生，但是现在大学生看《明报月刊》已比过去少得多了，他们主要看刚才讲的流行杂志。

张信刚：讲到这里稍为休息一下，放一段肖邦的音乐，这是一首 Impromptu——即兴曲。

（音乐）

张信刚：我们刚才谈的是《明报月刊》的情况。现在我们把它扩展一下，不只是讲《明报月刊》，我觉得整个的杂志业可能都受到一种威胁，但也许是机遇，就是说现在的信息科学这么发达，万维网这么普及，有很多很多的杂志已经上了万维网，一旦上了万维网之后，它的风格，它的读者群就会有所改变。拿华文的杂志来讲，我注意到万维网上，就有可能是留美的中国知识分子办的叫做《华夏月刊》，或者叫做《华夏杂志》。加拿大的一些人办一个刊物，叫《枫华园》，这个《枫华园》的名字很有意思，我知道你有一本书叫《枫华集》，这个"枫"嘛，就是加拿大的国树即枫树，"华"就是中华，《枫华园》这刊物，到目前为止还只是一部分人在某一些问题上的表达方式，还没有到了真正影响到一些商业杂志的地步。但是我想万维网是挡不住的，将来商业性的也好，比较严肃的、学术性的也好，会不会都必要上网，或者以上网为主要表现方式呢？

潘耀明：我相信将来有一天上网阅读会成为习惯，但是 Internet 现在在香港还没有那么普遍。刚才张校长说，是从海外的一些留学生杂志开始上网的，香港的报纸，比如《明报》现在开始上网。将来《明报月刊》也可能考虑上网，因为随着信息科技的发达，将来上网会更普遍，这是市场面临的一个实际的问题。

张信刚：虽然如此，我想我可能或者是年纪大了，或者我是一个真正执着的知识分子——随便怎么解释，我个人虽然也很会用上网，可是我还是比较喜欢手里拿着一本书，有纸让我摸到，可以翻翻，这样好像对我的脑神经的刺激稍为强一点，对我的情绪也有不同的影响。光是在荧光幕前面，坐在那里，迫不及待地要把它看完，然后一闪就消失了，这样的话，好像印象不够深刻。我不知道世界上有多少人是像我这样的。但是我对纸和对油墨的依恋可能是你们这些杂志编辑也应该注意到的一件事情。

潘耀明：对，我估计将来杂志也不会消失，文字的东西也应该不会消失。

张信刚：今天我们谈得很好，时间过得非常快，谢谢你给我这样的机会多了解刊物和杂志，而且我想替我们的听众谢谢你把你自己的人生经验和工作经验跟大家分享。

潘耀明：谢谢大家！

张信刚：我也想代表潘耀明先生和我自己向听众进一言，就是今天我们谈的杂志，我想不论是荧光幕所表现的，或者纸上面表现的，我们都会相信杂志最主要的还是它的内容和它所表达的思想。

好了，各位听众，晚安！

（《张信刚随想曲》，天地图书出版公司）

潘耀明：媒体应保持中性价值观

□ 访问者：孙 展　苏 琦

　　2006 年 1 月，金庸写文章述说自己的一段往事。那是 1966 年，金庸决心创办一本刊物，要守住中国文化的传统。彼时，中国内地正是风起云涌，谁都不知道在那种压抑的气氛下，创办这样一本刊物会是什么样的后果，"当年下决心出版这本杂志的时候，我是决定把性命送在这本刊物上的。"金庸说。

　　四十多年过去了，金庸没有为这本刊物送上性命，反而因此成就了一代报人的地位。而当年的办刊理想——恪守"独立、自由、宽容"的信条，探索中国文化发展方向却在一一实现。

　　这本杂志就是《明报月刊》。

　　在华文世界当中，《明报月刊》被众多学人亲切地称为"明月"，著名学者余英时评价说，"我一生投过稿的报刊不计其数，但始终觉得《明月》最令我有亲切之感。自由、独立、中国情味大概是我对《明报月刊》最欣赏的几点特色。"创刊四十多年，《明月》的影响早已超越香港，成为华文世界举足轻重的高端文化杂志。

1966年，《明月》创刊时，金庸亲任总编辑，而后的历任总编，如胡菊人、董桥、张健波、古德明、古兆申、邱立本等无不是文化界、出版界的翘楚。目前的《明月》总编潘耀明，则有香港文化界"宋江"之称，这一方面说他为人敦厚，甘为香港文化人做嫁衣，另一方面也是说他有聚集各方才学的气度。

1991年，潘耀明接手《明月》时，正是杂志最困难的时候。社会变化的大背景，新兴读者群口味的变幻，都对这个老牌的杂志造成冲击。"金庸先生委任我当总编辑的同时，还交给我一个总经理的位置，这也是一种双重期许。"

十几年来，《明月》调整风格，更加贴近新读者的阅读趋向。实际上，从最早胡菊人时期的政论型杂志，到后来董桥时期的文化学术类刊物，再到如今的"泛文化"风格，《明月》的每一步发展无不是切合当时整个时代变化的脉络，但有一点——那就是保持中性的价值观，守望中国文化，探寻中国文化的出路的理念，却一直没有变。

在香港，《明报月刊》并不是发行量最大的杂志，经济收益也不是最好，但有了《明月》，没有人能将香港称作"文化沙漠"。

传媒要有文化理念

《中国新闻周刊》：《明报月刊》的读者以中产阶级和受过高等教育的专业人士为主，这批读者对香港的发展有何推动，《明月》又是通过什么方式影响自己的读者？

潘耀明：香港过去一直是个自由社会，但不是民主社会，港督是委派的，香港政府的官员是港督委任的。从民主宪政方面讲，香港很落后。回归以后，香港市民开始对民主比较关注，一方面是因为高等教育的普及，教育水平的提高使得香港居民对民主、宪政的诉求有了很大提高。另一方面，香港回归前，一大批中产阶级和受过高等教育的专业人士大量移民西方，后来又纷纷回流，这批人在外适应了西方社会的民主理念，对香港本身的民主也有诉求。港人由过去的"政治冷感"变得更加积极，参与政治的意识提高很多。

《明月》读者群主要是知识阶层，为了应这批读者新的需求，《明月》一方面举办很多讲座，对香港政治进行讨论，另一方面在杂志上发表专刊，汇聚不同背景的学者，让读者看到更多不同观点。这也是传媒在其中起到的独特作用。

《中国新闻周刊》：香港的媒体竞争压力非常大，作为一本文化类杂志，如何在坚守办刊理念和应对市场竞争中找到平衡？

潘耀明：香港传媒一直有两个极端，一方面是小市民化，另一方面则是精英化。令人担心的问题是，功利化、庸俗化的趋向越来越明显。一些血淋淋的新闻被大肆报导，当作报纸的头条。这样的新闻放在家庭中阅读，对小孩子成长非常不利。有些报纸甚至还有色情版，这样的倾向都令人担忧。

金庸先生创办《明报》，还是有老报人的风骨，坚持传媒要有文化理念，是社会公器，具有引导读者的功能。《明报月刊》作为一个文化品牌，不是以赚钱为目的。但由于它的受众是受过高等教育的人群，所以也积累了一大批忠实的读者和客户。

《中国新闻周刊》：在香港媒体的定位和角色是怎样？

潘耀明：无论政治局势如何变化，香港的言论自由一直没有受到太大的影响。问题在于各个媒体自身的操守。由于媒体的监督，高官、商人都比较重视自己的行为，但媒体庸俗化的倾向，也造成一些公众人物的个人隐私得不到保护，这对知名人士本身很不公平。

但传媒发展到一个极端，应该有个反弹。英国有《太阳报》，但也有《泰晤士报》这样的严肃媒体，美国也有《纽约时报》、《华盛顿邮报》这类负责任的大报，香港的媒体也会渐渐成熟起来。

《中国新闻周刊》：《明月》作为一个媒体，又是一个文化的汇聚地，对华文世界的文化发展起到怎样的作用？

潘耀明：金庸先生当时创办《明月》时，是想创立一个人文的原点。《明月》也一直是这样做的。在文革时期，《明月》发表了很多批判文革的文章，后来又有许多政论文章发表，让人们对时局有了更清醒的认识。

内地改革开放后，有关伤痕文学、《红楼梦》的讨论等等，《明月》都有参与，另外《明月》在保持对中国传统文化的探讨之外，还对西方文化的思潮进行介绍，这对整个华文世界都有很大的影响。现在香港文化趋向市民化，作为出版人，一方面有传统文化的情结，还要面对市场的冲击，处理稿件也要困难的多。

没有文化底蕴，香港就没有深度

《中国新闻周刊》：在一般人眼中，香港是一个经济社会，香港文化生存和发展的空间都非常狭小，如何能在经济增长的同时，也保持文化的持续发展？

潘耀明：香港文化越来越商品化，精英文化在商品社会有一种无力感。长期以来，香港本土的原创性文化得不到应有的重视和关心，尤其是文艺创作方面。有人曾在讨论会上，说伦敦、纽约等城市之所以成为国际金融中心，是因为人口达到了一千万，香港也要朝这个方向发展，这个观点非常滑稽。

实际上，纽约和伦敦的文化底蕴都非常深厚，这和它们本土的法律、制度、人文素养等方面都有关系。很多人想将香港建设成国际性大都会，但无论是纽约、伦敦、巴黎还是东京，它们不仅仅是经济大都会，还是文化大都会。而香港与之相比，还有很大的距离。无论是本土作家，还是文学大师们在香港时期的创作，都是香港文化传统的组成，政府要对此予以足够的重视，没有文化底蕴，香港就没有深度。

《中国新闻周刊》：那么政府对发展文化应担当什么样的责任？

潘耀明：举一个例子，有作家要将金庸先生的小说翻译成法文，法国政府可以专门出钱赞助这样的文化交流项目。而明报出版社出版"二千年文库"，由诺贝尔文学奖评委和一些评论家选出华文世界的重要作家，却得不到任何支持，只能出版四百本编号珍藏套装，来弥补单行本的亏损。这样的文化事业，不仅仅是企业的责任，也应该是政府的责任。

文化的发展是需要得到政府持续关注和扶助的。

《中国新闻周刊》：香港文化最应该坚守的价值是什么？

潘耀明：香港文化的中性价值很重要。香港是一个自由的地方，是一个开放的社会，需要兼容不同的见解，还要表现客观的立场，只有这样才能反映香港的诉求。

1993 年《明月》曾做过一个特辑，当时中英关系不协调，为了探讨中英政治和香港的前景，我们请了彭定康，也请了新华社分社副社长张浚生为《明月》撰稿，发表他们的见解。读者可以看到，虽然见解不同，但他们都不希望将香港引向一个危险的边缘。这个特辑大家都觉得很有价值。

龙应台女士讲过，香港舞台很小，香港的文化人很寂寞，不可能像内地和台湾一样，引起广泛的回应和掌声，但香港是个聚焦点，影响不一定在香港。香港可以利用它的优势，建立一种文化的中性价值观。我非常赞成这样的观点。

（《中国新闻周刊》，2007 年 7 月 2 日）

倪匡以写武侠起家

□ 佚 名

明窗出版社将于书展一口气推出一套共十二本倪匡的中篇奇情武侠故事。2007 年 6 月 22 日这一天，明窗出版社总编辑潘耀明先生约了倪匡先生午后小聚，畅谈武侠创作，指点纸上江湖，不亦快哉！以下是两人对谈节录，以飨读者。

在会所里，倪匡先生点了一杯冰冻啤酒，慢慢啜饮。明窗出版社总编辑潘耀明先生与他对坐，两人言谈间道出一段段引人入胜的文化掌故。

"我想没多少读者知道你曾写过这么多武侠故事吧。"潘耀明笑着说。

"也难怪，在香港都绝版了！倒是在旧金山图书馆里存了不少旧书，我那时借来翻看，自己觉得挺好看的，哈哈！"倪匡搔搔头也笑了。

潘耀明：其实你是怎样开始写武侠故事的呢？

倪　匡：我 1958、1959 年左右在《真报》工作时，司马翎正在报上连载武侠长篇，很受欢迎，后却突然断稿，报纸老板陆海安找我想办法，我说这种故事我也会写，二话不说，就替他代笔，算是写起武侠故事的开端。后来司马翎干脆不写了，我就自己开一个新篇。

潘耀明：听起来，你写武侠故事比科幻小说还要早呢。

倪　匡：是啊，我在《明报》、《武侠世界》还有很多报章杂志上都有发表武侠故事，最多同时共有十二个长篇连载。连载完了就出单行本，像《六指琴魔》一套三十多本，百多万字，当时流行这种形式。

潘耀明：你还写了很多武侠剧本，是吧？

倪　匡：对，替邵氏写的。前些年邵氏推出早年电影的 VCD，派人去美国找我谈版权，资料里说四百多部武侠片中，有二百六十一部是我写的！

替金庸、古龙代笔

潘耀明：刚才你说起代笔，你替金庸代笔写《天龙八部》已传为坊间美谈了。

倪　匡：哈哈，大家都爱说起这段故事！1967年金庸因香港暴动要离开香港一段时间，找我代笔在《明报》上连载的《天龙八部》，特别交代每个主角都不能死。结果他上午上飞机，我下午就把阿紫弄瞎了，可说存心不良，要看他如何收拾残局，哈哈！

潘耀明：你为什么那样恶作剧呢？

倪　匡：那阿紫太刁蛮讨厌了！不过金庸也真厉害，他回来后用阿紫和乔峰发展出一段新故事，还加上铁头人对阿紫的单恋情节，真是感人至深。

潘耀明：金庸、古龙、卧龙生、诸葛青云，还有你，都是当代新派武侠的祖师爷，把武侠带入新阶段。

倪　匡：他们的故事我都代笔过，很好玩的！像古龙的《绝代双骄》、《白玉老虎》好多故事，都是我续稿的。没办法，他太爱喝醉酒了！有时顾不了写稿。

点评武侠名家

潘耀明：不过古龙也是一个鬼才，他真写得好。你是怎样看他的？

倪　匡：我跟他在 1967 年第一次见面，后来成了好朋友。古龙很聪明，记性也好，有着江湖人物的性格和激情。写作方面更是难得，摆脱了金庸的影响，独树一帜，故事情节常有意想不到的变化。就是可惜他离世太早。

潘耀明：那还珠楼主呢？

倪　匡：还珠楼主用语半文半白，写的桥段很前卫、很诡异，像"内家气功"、"劈空掌"都是他所创的。他的后期作品变成了神怪、剑侠小说。我看得入迷，花了六年功夫，放下所有工作，只为改编他的《蜀山剑侠传》为《紫青双剑录》！

潘耀明：那金庸更是不能不提了，你会怎样评点这位老朋友？

倪　匡：金庸是名正言顺、当之无愧的一代宗师，我是很推崇的。别人要学他也难。他近年修订作品，增加了很多情节，人物更丰富，很精彩。

武侠——中国独有的小说

潘耀明：你认为武侠故事有什么特点？

倪　匡：武侠故事是中国独有的，有一个独特范畴。通常是描绘男性之间的感情，重侠义轻性命——所以呀，女性读者只爱看爱情情节就不对啦，哈哈哈！

潘耀明：那在写作技巧方面呢？

倪　匡：写任何小说都要想象力，故事要有传奇性。武侠小说不需要讲究常理呀、科学呀、历史呀，因为要是不好看，完全依据了史实来写也没用。情节让人可以快意恩仇，最是吸引。

潘耀明：近年武侠小说在香港出现青黄不接局面。香港人不大爱看小说连载，也不爱思考。

倪　匡：是呀，报章上也没有小说连载了。

潘耀明：那你认为要怎样培育新人呢？

倪　匡：噢，培育没有用的，写作要讲天份，我们只好等下一个天才出生了，哈哈哈！

结　语

　　潘耀明总结这次专访："不知不觉两人畅谈了两小时之久，仍然意犹未尽。倪匡左手写卫斯理右手写武侠小说，他的武侠小说绝不逊于卫斯理，他的武侠世界情节诡奇，快意恩仇，上天入地，潇洒风流，让人不忍释卷。倪匡武侠小说的出版让我们一窥倪大侠的武侠世界，一起进入他创造的传奇江湖里闯荡。"

　　　　　　（香港《明报》，2007 年 7 月 6 日）

第一辑　访谈

潘耀明与
《明报月刊》的"中性价值"

□ 晓 观

最新出版的 2007 年 2 月号《明报月刊》，在"见证回归十周年志"系列中，刊发了一篇题为《误泄江泽民行程有惊无险》的署名文章。作者蓝鸿震，是香港民政事务局前局长。

蓝回顾说：1998 年"香港回归一周年，时任国家主席江泽民亲临特区主持和参加多项活动与仪式。笔者负责陪同江主席到沙田医院老人部和马鞍山的一个商场，与市民近距离接触。""基于保安的理由，江主席的行程事前必须保密。谁知阴差阳错，竟向外界发放了消息，结果在马鞍山的商场引来数以万计的市民，人山人海。""幸好市民对江主席热烈欢迎，气氛极好。我们可谓'因祸得福'。"

《明报月刊》主编潘耀明先生，近日接受记者采访时透露，该刊"见证回归十年志"系列，将一连十二期，邀请社会各界知名人士撰写他们回归前后的感想，这些人士都曾经直接或间接参与香港回归的重大事务，是香港回归十年的见证人。

为该系列发 "头炮"的，是新华社香港分社前副社长张浚生。今年1月，张为《明月》撰写了题为《指陈当世之宜划亿载之策》的长文，回顾香港回归前十二年过渡期的点点滴滴，并对香港回归后的社会给予宝贵意见。

1985年7月至1998年5月期间，张浚生在港工作十三年，是香港回归前后，港人熟悉的中方官员之一，是新华社香港分社当时的"代言人"。

潘先生介绍说，接下来为该系列撰文的，包括末代港督彭定康，以及徐四民、张敏仪、叶国华、江素惠等。

潘告诉记者，1997年香港回归前夕，中英双方的张俊生和彭定康阐述各自立场的文章，第一次同时出现在同一本杂志的同一期上，即回归前《明月》的"香港对回归的展望"专题；今年"见证回归十年志系列"，张浚生和彭定康文再度为《明月》撰稿。

他表示："这可视为他们对《明月》所禀持的'中性价值'办刊立场，都有所认同吧。"

记者问，《明月》的"中性价值"何解？

潘先生说，《明报月刊》办刊四十一年，走的是"泛文化杂志"路。定位取"中性价值"，就是要做"不党，不私"的"公器"，做一座真正的"桥"。

记者在港两年，一直追读《明月》，最喜读其人文类访问，选题不设框框，每每做得很透，最为难得，不起山头，各家放言。这与此间杂志，多从社评始，即立场鲜明，唯恐表态不够，大为不同。

翻看《明月》的版权页，其四十多位顾问涵盖两岸三地，均是全球华人之重量级开明知识分子，如：王蒙、李远哲、吴冠中、杜维明、柏杨、查良镛、聂华苓、龙应台、饶宗颐……

如是，《明月》选题选稿"标准"之高自不待言：文字，不是大家，《明月》不写；作者，不是大家，《明月》不约。

记者问，那么，放眼香港传媒，《明月》不是没有"同道"了？

潘先生说，过去有《盘古》，如今就是唯一。

到底何胸襟、何机缘、何能量，造就出这般格调的《明月》？

潘先生回忆道，1986年，留美学成归港的他，在三联书店作董事副总编辑。1991年查良镛先生即金庸，通过董桥给他打电话邀请加盟《明月》。

"我'诚惶诚恐'走进查先生的办公室。一见面，查先生即起身走向书案，伏案一笔一画手写着什么，然后起身递给我。一看，竟然是查先生亲自手写的聘书，聘我为《明月》总编辑，总经理。大侠的谦谦君子风，叫我莫名感动，当下就签了约。回三联，按照规定，用三个月时间，辞了职。"

　　记者问道，那么查先生对您主持《明月》的要求是什么？

　　潘先坐答，查先生说，《明月》在明报集团中的位置是——"为明报集团穿一套'名牌西装'。"

　　记者慨叹：呀，这个要求很高，同时给编辑人的空间很大啊。是一桩"好活"！

　　潘先生："是啊。《明月》创刊以来，向以'文化的重镇，知识的宝库'为办刊宗旨，总编从来不被干预。查良镛（金庸）先生于 1966 年创办《明月》，从胡菊人创刊总编辑，到董桥、张健波、古德明、古兆申历任总编直到我，都是按照'自己的风格'办刊。"

　　美国普林斯顿大学荣休教授余英时对《明月》的评价是："自由、独立、中国情味，大概是我对《明报月刊》最欣赏的几点特色。《明报月刊》真正做到了雅俗共赏的境地。文化社会事业与个人不同，所以《明报月刊》可以日新月异，而且也一直与世俱新。"

"世界上研究华文文化的机构，都会订阅《明月》的"，潘先生以很"低调"的措辞，道出了《明月》的"江湖地位"。

潘告诉记者，希望将所主持的《明月》，成为反映华人社会人文现象、社会现象的杂志；选文要有深度、有分析；展示华人社会文化研究、学术成果；力求成为华人文化精英"对话"的桥梁。

（香港中通社，2008 年 2 月 7 日）

潘耀明，海内外
华人文化交流的"桥梁"

□ 关向东

因了一个机缘，记者在明报工业大厦内，走进《明报月刊》总编辑、总经理潘耀明先生的书房。

身为作家、出版家，潘先生自然是坐拥书城的。他的书房，不算太大，镇宅之宝却不少。

除了天上地下的图书，墙头围挂的字画横幅，更是教人养性：既有沈从文为潘先生写的条幅；也有金庸大师写给潘的，曰："看破，放下，自在，人我心，得失心，毁誉心，宠辱心，皆似过眼烟云，轻轻放下可也。"

潘的书桌背后，是一幅焦墨山水并条幅。曰："耀目穷寰观七政，明心冰雪照三千"。潘说，我喜欢这山水的"大意境"。

潘先生，沉静而温文，眼神坦荡，一口闽南普通话，即使谈论很"亘"的事，用词也很"低调"。

"低调"的潘耀明，其实在海内外华文文化界，有着"不低"的"江湖"地位：70年代，潘耀明开创性地研究中国当代作家，出版了《当代中国作家风貌》一书，在港台影响颇大。钱歌川为其撰写序言《作家风貌跃然纸上》称，潘"使我们……就像和每位作家晤谈一室之内，如闻其声，如见其人。"该书被南韩圣心大学译成韩文出版，成为南韩大学研究中国的参考工具书。

作为作家，潘以"彦火"为笔名，从70年代起撰写了大量散文和评论，至今在中国大陆、香港、台湾出版作品集18种，多次获奖。著名文学评论家白舒荣撰文称："潘耀明的创作中，丰富的写作题材，紧扣着他的生命律动和人生足迹；散文、随笔、纪游、海内外作家作品研究，涉猎广泛文类驳杂的体裁，体现了他作为编辑家和出版家的职业特点。"

作为出版家，曾任香港三联书店董事副总经理的潘耀明，目前担任《明报月刊》、明报出版社、明窗出版社和明文出版社的总编辑兼总经理，沉静而执着地出版海内外华人世界喝彩的美文、好书。

潘耀明还兼任不少社会职务：如香港作家联会执行会长、世界华文作家联会执行会长、世界旅游文学联会会长等。

内地出版的《瞭望》杂志在一篇题为《以文会友的香港作家潘耀明》的报道中称："潘耀明是海内外文化交流的桥梁。"

访问中，最打动记者的，是潘先生既有"对人生的执着"，还有"一颗感恩的心"。

他说，人生，喜好要随心意，对喜好的事情就要执着，执着才会遇到一些机缘。而带来这些机缘的人，就是你命中的"星星"了。

他历数命中的"星星"：有1970年引他入三联书店从事出版行的蓝真先生；有80年代赴美参加爱荷华大学"国际写作计划"，遇到的保罗·安格尔、聂华苓夫妇，助他在"纽约大学"攻读"杂志与出版"硕士学位；当然还有90年代一纸手写聘书，邀请他主持《明月》的查良镛先生。

潘先生送记者几本作品集，既有当年初出道即震惊港台的《当代大陆作家风貌》、也有以"彦火"为笔名的散文集《异乡人的星空》。潘先生，提着毛笔留言，模样很是古风。

从潘耀明先生的人生故事里领悟到：执着和感恩，当是做人的本分。"执着"，才有资格追求"人生境界"；"感恩"，才能享受到真正的"人生盛宴"。

（香港中新社，2008年2月8日）

在香港，有一群执着的文学守望者

——访香港作家联会会长潘耀明先生

□ 徐柳媚

在商业经济高度发达的香港，阳春白雪的纯文学对于忙碌的香港人来说可算是一种奢侈的爱好，而一个为文学多年孜孜以求的民间团体就堪称是"异类"了。

但是，就有这么一群人，因为对文学共同的执着和信念走到了一起。经过二十一年的不懈努力，成就了一个今天在香港很有影响力和代表性的文学社团——香港作家联会。香港著名教育家、大紫荆勋章获得者吴康民先生评价道："香港作家联会二十一年来在中坚分子的共同努力下，坚持走纯文学路线，不像一些组织有其他的目的，如名利上的追求，而是一直保持着一种活力和凝聚力，这一点实在难能可贵。"

日前，刚刚当选为新一届香港作家联会会长的潘耀明先生，就香港作家联会发展的历程和香港作家及文学发展状况，接受了本报记者的专访。

历程：为香港纯文学的发展而努力

说起香港作家联会的成立，潘先生不胜感慨。1988年1月31日下午，在香港湾仔合和中心顶楼，三十一个发起人，其中有理事十一人，打着"以文会友，繁荣香港文学"的旗帜，"香港作家联谊会"正式成立了。当年，香港有两个文学团体进行注册，一个是倪匡、石人、张君默等人先行注册的"香港作家协会"，另一个就是曾敏之、刘以鬯、何紫、潘耀明等人发起成立的这个"香港作家联谊会"。潘先生解释说，因为按照香港社团法例，已有人注册的便不能用相同的名字。而当时大家只想把这个组织当成一个比较轻松的团体，让爱好文学者有一个相互交流的地方，所以称之为"联谊会"。但随着后来的发展，到1992年，删去了"谊"字，更名为"香港作家联会"。

如今，香港作家联会已经拥有会员三百多人，形成了一个由作家、文学研究者和报刊文艺版编辑等人组成的非牟利文学团体，在香港拥有一定的社会影响力。潘先生说，增进作家的友谊和推动海内外文学交流，协助会员交流写作经验，维护作家合法权益，促进香港文学事业发展，一直是香港作家联会的宗旨。

潘先生介绍说，香港作家联会会员的推选程序相当严谨。要成为会员，必须有两本或以上的专著，并需要有两个会员推荐，最后还要获得理事会的一致通过。同时，香港作家联会也非常民主，其理事会每两三年都要举行一次改选，全部采取无记名投票的方式。其实，香港作家联会之所以这样做，最主要的目的是为了维护文学和组织的严谨性、纯洁性。

潘先生说，香港在上世纪五六十年代曾经历过一个文学创作的繁盛期，产生了不少本土作家，金庸先生和刘以鬯先生等都是杰出的代表者。当时"文学社"潮流兴起，不少大、中学校都有文学社。文革期间，香港的文学思潮受西方影响比较大，那时的香港文学具有自身的独特性。上世纪70年代后期香港经济起飞，伴随着内地的改革开放，香港迅速走向一个商业大都会，文学创作也开始商品化。但在曾敏之、刘以鬯两位老作家的感召下，一群成长于上世纪五六十年代的文学爱好者开始为香港纯文学的继续发展走到了一起。大家在文学的道路上相互鼓励、彼此切磋、取长补短。

作用：海内外中国作家的"交通站"

谈及香港作家联会所起到的作用，潘耀明先生说，香港是一个国际的文化信息中心，具有全球的视野，地位超然，因此，作家联会在其中有较好的条件促进海内外文学爱好者和专业人士的交流与沟通。

"在文字上相聚，做的是传递的工作，千山万水也不会寂寞，因为你会感受到无言总是会有朋友，总是会有知音，总是会有一些文学的耳朵，在诉说，在倾听……"潘先生说，因地利之便，香港称得上是一个海内外作家的中转站，海内外许多作家都曾在这里驻足。香港作家联会首任会长曾敏之先生，是一个具有超强交际能力的作家。这些年来，他发挥近交也远交的磁石般的亲和力，从香港的饶宗颐、金庸等大师，其他作家，都为香港作家联会挥笔或讲演，成为香港作家联会的好朋友。潘先生本人也是一名资深的编辑家和出版家，曾担任过三联书店（香港）有限公司董事兼副总编辑、明报出版社总编辑兼总经理等职，参加过美国爱荷华"国际写作计划"，在海内外文学界也有着丰富的人脉资源。

因此，香港作家联会能经常组织香港作家和海内外作家进行纯文学的创作经验探讨、交流活动，为纯文学创作的发展注入推动的力量。如举办各种类型的文学讲座，主讲者多为本地或海外名家，帮助大家增长见识、开阔眼界。同时，香港作家联会代表团还经常派代表出访美国、加拿大、东南亚等国家，以及国内各地，与不同地区、国家的作家交流。香港作家联会与深圳作家协会更保持着长期友好合作的关系。

以香港作家联会为平台，香港作家联会经常举办一些世界性的大型文学活动，如联合世界各地的华文媒体举办全球散文征文《我心中的香港》等，在海内外文学团体中产生了很大影响。

香港作家联会还组织出版作家文集、创办《香港作家》、《作家通讯》、《香港作家报》等一系列刊物，为香港作家的创作提供园地。

困境：资金短缺且会员老化

在采访中，潘耀明先生也表示了对香港未来文学发展的担忧。他说，文学，尤其是在香港，边缘化已是不争的事实。香港的文学爱好者不少，但总的来讲，素质不是太高，缺乏有深度的创作。总之，香港文学的根基不够深厚，文学创作天地相对较小。

在生存竞争激烈的香港，纯粹靠文学创作生存的作家很少，很多作家都是业余创作，由于作品销路不大，读者面比较窄，所以在香港搞文学创作比较困难，不像内地作家那样有较大的市场，一本畅销书可以卖几十万册，拿版税就可以维持生活。另外，有时间投入香港作家联会工作的人也不多，有经济能力支撑文学社的更不多。这些客观条件使香港作家联会目前的处境不容乐观。

潘先生说，目前，虽然有一些海内外热心文学事业的朋友进行捐助，如香港文体界无人不知的贝钧奇先生等人都大力出钱出力支持香港作家联会。但香港作家联会目前仍然资金短缺，虽然曾于2003年中酝酿，2004年开始为购买香港作家联会永久会址筹募基金，然而，目前只筹得约一百一十万，无法在短时间内达成愿望，这不能不说是一种遗憾。

而另一个更让他忧心的新问题是，香港作家联会的会员逐渐老化，有70%以上的会员已年过半百，缺乏年轻的新生力量加入，香港作家联会或会出现青黄不接的局面。

出路：将旅游和文学结合

"只要有人群在，文学终究会存在。"潘耀明先生表示，对于未来香港文学和香港作家联会的发展，他们正在积极探求新的出路。如他目前正在大力倡导旅游文学，并担任了世界华文旅游文学联会会长。他说，旅游是生活的一部分，将旅游与文学相结合，人们的接受度高，容易引起共鸣，有利于吸引更多的人参与文学创作，帮助文学创作由"小众"走向"大众"，这也是顺应时代潮流所需要的。

潘先生说，可以看到，现在香港文学爱好者中有一种新的趋势。一些南下作家、大学里的年轻学者和从海外移民返港的文学爱好者在不断地加入香港文学创作的行列，他们大都是受过高等教育的专业人士，认识到文学的重要性，并作为一种精神支柱。这是一个可喜的现象，香港作家联会也正在争取把这一部分人纳入自己的队伍，希望他们能成为香港作家联会的新鲜血液。

最后，潘耀明先生乐观地表示，虽然文学不能带来什么名利，但业余时间默默地从事文学创作或爱好文学的香港人很多，发表作品的人数以万计。而且香港社会有一个相当宽松的写作、出版环境，这些都是有利条件。他相信，香港作家会与世界其他地区的华文作家一起，为世界华文文学的繁荣与发展做出巨大贡献，因此，他们执着地守望着！

（《深圳特区报》，2009 年 6 月 5 日）

第二辑

印　象

说潘耀明（彦火）

那一程山水

"卷首语"引起的联想

□王鼎钧

彦火（潘耀明）先生的散文集《异乡人的星空》，篇幅精短，适合老年人少吃多餐，细嚼慢咽，我带到老人中心去展示。书中有一组文章是本书作者为《明报月刊》逐期撰写的"卷首语"，文章中还提到另一位主编董桥，老人中心的会员有许多人曾是《明报月刊》的长期读者，潘、董两大主编的"卷首语"，一时成为这些喜欢回忆的人交叉的话题。

多年以来，《明报月刊》的"卷首语"广受称道。现在几乎所有的杂志都有"卷首语"了，写法颇有变迁，早期的"卷首语"多半罗列内容，逐项评点，如同一纸说明书，只算是本期杂志的附属品。后来执笔人逐渐大处着眼，高处着手，写成一篇独立的小品，点出刊物的精神，可以脱离刊物单独存在，有永久的生命，我觉得

第二辑 印象

《明报月刊》是这一番变革的推手。

潘、董两人风格不同，老友袁慕直曾经引述台湾评论家言曦的一段话帮助说明，言曦认为自五四运动以来，中国散文的风格可以徐志摩、朱自清两人为代表，"散文中的徐、朱，犹如诗中的李、杜，剧中的梅、程"。袁慕直说，潘、董二人的"卷首语"亦仿佛如是。我听了有会于心，立刻说："董如李白，潘如杜甫。"老袁接了一句："董如仙，潘如儒。"我说："董如云，潘如雨。"于是顺口产生一连串排比式的接龙：潘如松，董如柳；潘如师，董如友；潘如泰，董如斗……

我们的意思是，潘氏文风沉实厚重，董氏文风灿烂迷离，借用前贤成语，潘氏好像入木三分，董氏好像离纸三寸。潘氏以"构意"取胜，读者取其内容，遗其形式，可比之为得筌忘鱼，董氏以"构词"见长，读者喜其形式，略其内容，可比之为望梅止渴。老读者想当年，谈董氏手笔，多半复诵他的警句，谈潘氏手笔，多半演说他的见解。

由"卷首语"想到书的序文，想到百货公司的橱窗，橱窗设计的原则是"使人看了想走进去"，有限的材料，无穷的新意，如一株盆景，一件雕塑，行者停步，御者停车，想象店里面还有更多东西可看，最忌像唐人街的水果店，店内的货品都搬到门外摆摊，行人一览无余，叹为观止，那就赶快走过去吧，寸阴寸金，倒是节省下来了。以今视昔，出版界在这方面也逐步改进了，《明报月刊》示范最早，持续最久，想那见贤思齐者一定大有人在吧。

"卷首语"仅占一页之地，《明报月刊》每期超过一百页，一只燕子预告春天，一百多只燕子造成春天。《异乡人的星空》列为《明报月刊》出版四十年的纪念文丛之一，使我想到"四十年来家国"，《明报月刊》简称"明月"，明月号称天眼，我联想到"天视自我民视"。积四十年之生活经验，我民并没有高度可以俯瞰山川，也没有余暇扫视群黎，能够观察、记述、讨论的是作家、文化人、新闻记者，一份报刊对他的读者而言，就是头上一片天。《明报月刊》四十年日夜照临，前后历任六位主编，他们的贡献其总体不可量化，每个读者都可以感受到一部分。把我的阅读经验写下来吧，希望能巩固许多人对文学的信心。

散文作家彦火

□东 瑞

　　戴着一副近视眼镜，中等，不瘦不胖的个子，外表看来温文尔雅；在许多人在的场合，说话有点儿纳纳嗫嚅，不细心听就不容易听得清楚；咖啡厅里，对着他熟悉的朋友，他可以毫无顾忌地向你热忱倾泻，告诉你他的想法、打算、计划以及他对一些新鲜事物的看法；平时路上或电梯旁匆匆相见，他至少有一句问候，不是"得闲喝茶"，就是"再找个时间谈谈"。这就是外表上的彦火。

　　浓郁的诗情柔意，清云流水般的文字，体物入微的观察能力，加上有些文字上的凝练典雅色彩……这是我们在散文和文学评论中所见到的彦火。他作品中的这些素质或许在他身上比较难获得体察，大致都凝聚于内心深处，在写作时候便源源涌出。他有四样东西很可贵：一座感情的火山，随时热情爆发；一池喷泉，随时向时空捕捉灵感；一脉清流，款款流泻和奏唱野草和枫杨的歌；一群蜜蜂，专门采撷生活中的美和芳香。简言之，他的散文热情、敏锐、细腻、有意境美和情歌韵美。

文如其人，历来如此。但这话未免笼统，文章的语言、风格、思想和作者的为人、性格，其关系有时是很复杂的。在彦火，"人""文"并未达致割裂、截然相反的地步，但也未见相当合拍。作家们的妙趣和奇异现象，这是其中一种。

作家有续编

近几年来频频在报章见到彦火的名字和他的散文以及作家访问记。发表得频密，篇幅亦不短，尤其是他提供的有关中国作家的资料，颇引起了各方的注目。海外有许多读者对中国文坛不了解，对中国作家的近况有求知的渴望。他的这些文章起码满足了海外及香港不少人的需要。

不久我们便读到了厚达三百余页、三十万言的《当代中国作家风貌》。这本书一出，马上获得读书界、书评界的一致称赞，评价的文章之多一时无两。许多内行之人及关心中国作家命运和新作的人，纷纷分析了该书优点（不赘）。和"正编"加起来，两本关于中国作家的书，长达五十万言，给彦火带来了一定的声誉。

近日来，港九报章对"有才必遇"、"怀才不遇"或"有才可遇"之争相当热闹——不由得使我想到彦火这两本书。这两本书，有个迄今为止别人比较不易具有的长处，即"结集之前，都经邮寄各位作家，请亲自校核"。能够这样做，是因为"大都与作者有过交往，因此均是第一手数据"。

这一点对于繁务缠身的一般研究者，就不容易。原来，彦火"遇"到一个经常能接触到这些作家的工作，是他业余工作的"副产品"。如果没有这个机会，困难必然要多一些。机会这东西决不是什么迷信，倒是生活中千真万确存在的事实，不管你承认不承认。

当然，有良好机会，不会抓住，白白流失；不善于利用，不抓紧，难免一事无成。彦火不然，他善计划，勤奋刻苦，三四年来苦苦坚持——最重要的，他是个有心人，有着向海内外读者介绍中国作家和中、青作家（新进）的诚意。没有这一点，写出来的大概只会流于目前我们所见的只强调作家作品某一方面而欠缺公正全面的那类文字。

两本风貌数据之新、内容之扎实，应该说倾了作家全部心血。它们受大陆、新马、美国、港澳等各方重视和好评，是理所当然的。

写作的旅程

"这次见到你们，有一个印象上的错误，"新加坡文艺研究会的叶先生在某次场会，说道："我读彦火的散文，以为他已是个四五十岁的中年人了，没想到……"

没想到彦火那么年青的。是的，彦火出生于 1947 年，今年才三十五岁。但他的文章里有时会出现一些或典雅或较古僻的词，加上行文娴熟流畅，可能会造成一些人的错惑。新园先生称彦火写中国作家人物用了"工笔"。我则对他那些具有很浓散文气息的人物访问记十分钦佩。如《胸藏万汇吞吐——茅盾的晚年和创作》、《冰心的岁月》、《横溢的才气，泼辣的笔致——张天翼及其创作》，将作家及其作品两种风貌融于一篇，给我深刻印象。也有人欣赏他写女作家如张洁、张抗抗、戴厚英、舒婷、赵清阁那些部分。这都足以说明，他的笔致自有引人的魅力，文字是不错的。只要细心比较，他的文字，不同于某些八股腔，也不同于海外一时流行的学生腔或者"学术腔"。它是彻头彻尾的"彦火腔"。这即说，他是有风格的。尤其是他的严格意义的散文更为显著。

年纪轻轻，迄今出版的著作却已不少了。至今有六种：《枫桦集》、《大地驰笔》、《当代中国作家风貌》

（正编、续编）、《枫杨与野草的歌》和《醉人的旅程》。从 1979 年至 1982 年分别在香港由上海书局、香港文学研究社、昭明出版社、福建人民出版社和广东花城出版社出版。短短几年连续出好几本书，正是他勤奋不辍的见证。

彦火是福建南安人，约十岁来香港，中学毕业后曾任报社记者、编辑，先后在《风光画报》、《正午报》及《海洋文艺》任职。现任某大书店、出版社编辑部副主任。长期的编辑工作使他交游广阔。他既乐于助人，朋友们也乐于助他。

给我印象很深的，是每当有中国作家过港时，他组织、安排朋友们和这些作家见面、座谈交心的情景。至今我犹记得很清楚。那一次艾青夫妇、王蒙赴美过港时，他为不少朋友未能见到他们而焦急不安，有一句话现在还响于耳际："我想，这件事，人多一点好，人多一点好……。"那一次包括刘以鬯先生等许多人在内的在他家的聚会获得极大成功。这种例子是很多的。

醉人的散文

彦火除了为海内外中国现代和当代文学的研究提供了珍贵的第一手资料，因作出一定贡献并获得不少人认可外，他文学写作的突出成就表现在散文，集中在《枫杨和野草的歌》和《醉人的旅程》两本书。《枫》一书收散文六十一篇，有读书札记、杂文，也有抒情散文和小品。《醉人的旅程》则分"岛国风情"、"扶桑鳞痕"和"湖山走笔"三辑，共收四十五篇游记，是他旅行菲律宾、日本和中国所写部分文章结集。本来写散文、游记事属平常，难能可贵的是他都苦心认真经管，形成自己的风格。这两本书的有关评价文章是相当多的，我不想再重复那些老话，只想说：彦火的散文，不少篇章都有自己的意境或特色。如《枫》一书中，《深情之路》的韵味，《一道彩虹》的潇洒，《残阳如梦》的哲理，《山中雾》的文采，《那一天》的精练，《哥勒杜鹃》的情义，《栽花的人》的叹赞，《一片草地》的温馨，《春》的诗意，《风雨行》的气势和节奏，都被作者发挥得淋漓尽致。（见笔者：《彦火·枫杨·野草——读〈枫杨与野草歌〉》）他的散文特色可以按各人角度去分析归纳。

　　彦火的散文《庐山组曲》被公认为最佳篇章之一。苏晨称，从"十七个时空侧面去写，就不落窠臼，自有新意"。（见《醉》序）这篇散文更被畲树森当着"比声调律更加动人的情韵美"的范例，他在引用彦火的其中"雨"、"雾"、"花"三例时说："为什么是情韵？可以说情韵美就是作者的内情与万物、心声与天籁的融合谐和，暗暗透入文字中来的一种情调和气氛""常将自己置身万物之中，同宇宙万物神晤默契，故尔其感受往往突破一般，超乎常

人，更加深细而新奇……"（见畬氏《散文语言美》，收在天津百花文艺出版社出版的《散文的艺术》一书中）

彦火的《扶桑鳞痕》也是笔者欣赏的一组文章。如果说菲律宾那一组他对一些华丽辞藻还比较难舍，写日本的《灵的抒描》和《速写东京人》两组文章已经以朴实深沉取胜。因为朴素所以深刻，因为深刻，更见隽永。笔者以为，这是他的散文更臻佳境的可喜信号，他在今后势必更有源源不断的灵感，挥就更多美文。当然也跟任何人（包括名家）的文章不可能没有败笔和不足一样，彦火的个别用词是略嫌冷僻一些，随着他人生经的丰富，他迟早会将之抛弃。

驰笔再献歌

没有详细问彦火，他写作始于何时？十年？二十年？不管多长，总之我们又看到了一位辛勤的文艺耕耘者。他勤读书，勤写作，勤思考，勇于坚持，勇于克服困难，勇于面对这残酷的社会，热爱一切美的事物，他获的声誉，是经过了不寻常的努力！

预祝他不断有新的成就。

（《书窗随笔》，1983 年 2 月 17 日）

我写彦火

□刘笔农

在认识彦火之前，我读过不少他写的有关中国作家的文章，正如他在"国际华文文艺馆"的讲台上所亲口说的，我当时的感觉是，彦火至少有五十岁左右吧。

不是彦火的文字有什么特别老气，而是像他这样一个有志于研究中国作家，且写出了不少具有独特见地的研究中国作家的报告文字，那份毅力，那股治学精神先不说它，单是他所抱的决定，单是他的做学问的决心，已经不是一个太年轻的人所负担得了的，何况他所写的文章，从心向心，从作家的口述，从作家的作品，从作家的第一手资料去撰写，不取巧，不捡便宜，这份功力，不单是才华，更重要的是心智，是沉毅的定力。

彦火原名潘耀明，听他讲的华语，你一定不容易猜他的原来籍贯，他说话的口腔十足广东调，偶尔也会在不知觉之中，夹杂着一两句闽南音，他生活在香港，大多数的人就会被直觉的误导，以为他是广东人，他太像广东人在说华语了，可是，一百巴仙错了，他是福建南安人，他出生在中国福建省，却和菲律宾有密切的关连。

在提到他为什么会"搞"起作家研究来，彦火在台上夫子自地道说，他因为在报社工作，刚好和中国前辈作家曹聚仁同事，这位记者出身，写了不少精炼文章的作家，鼓励他们这些年轻一辈的，应该各自选取一门学问去下功夫，日后必定有成绩，而彦火一定很热爱文艺，羡慕作家的文采，所以才会走上这一条路。

后来，他编起《海洋文艺》，他有机会和中国当代作家直接沟通，彦火说，他捡到了这点便宜，因为他的工作需要经常出入中国内地。

不过，彦火最大的运气是，他捡到了一段时间上的便宜，因为"文化大革命"的被否定，整个中国内地刚从深渊似的坑洞里给解放出来，大部分的作家，都被长时间的"整"和"批"，有的刚被平反，睁着长期过惯了黑暗日子而变得细眯的眼皮走向人群，走向大众，走向正常人的生活，走向另一段历史的开端，他们被封住了口太久了，他们被剥走写作的权力太长了，他们深感生命的浪费太大，有的二十几三十年，有的十几二十年，当然也有比较幸运的，只有几年，而萧军、艾青、胡风、丁玲……这些当年名噪文坛的大作家、大诗人，他们的经历尤惨，他们的浩劫不是始于文革，而是始于比文革还早很久的以前。

如今，日子改变了，他们从非人的生活圈内被平反了，恢复了以往的崇高荣誉和地位了，也恢复了自信、自尊，他们深明全世界正有不少的爱好和平，热爱民生，关心文学，支持人道，尊崇民权的人在关注他们的活动，希望知道他们的生活、健康、动向，而他们已完全有了自由、他们乐意公开自己，和读者来分享那份自由，就这样，他们才肯接受外界的访问，在各方面提供了方便给研究者。彦火正在这时期出现，他第一篇文章写的是艾青，他说，艾青当年还未被平反，因艾老在那年代中被流放到边远省份的新疆达二十二年，二十多年，几乎达到一世纪的四分之一，那是多么不人道，多么残酷的事实呀！他们怎么可以不急速争取机会发言——包括大量写作和尽可能把声音播向全世界。

彦火帮了中国作家的大忙，他藉他充满情感的笔，写出了包含心智、文采的文章，来介绍中国作家，向香港、向海外、向全世界，包括西方世界，东方世界，欧美，日本都通过他权威性的报导来了解中国现阶段的转变，政策的转变，作家朋友的晚春怒放，写出了中国文坛新锐的一代，从巴金、茅盾、沈从文、端木蕻良，到张抗抗、舒婷，他研究了老一辈的作家，他了解中年一代的作家，他亦认识了年轻一代作家的成长，因而，彦火大胆而充满了信心地引述了一位作家的意见，预测在未来的十年间，中国将一定会出现超过老一辈成就的伟大作家，理由很简单，他引证了旧俄时代，那是十九世纪，是帝俄用铁腕在统治俄国最黑暗和血腥的时代，那么，历史越残酷，历史的花朵开放得越艳丽，托尔斯泰、屠格涅夫、果戈里、契诃夫、陀思妥耶夫斯基、高尔基就先后涌现了，蔚成了世界文学史上一个璀璨的历史阶段。

在结束他的推论时，彦火小心地加上一句，未来有成就的华文作家，包括了在美国、在海外、在世界各地应用华文写作的作家，他以为，这年代的作家眼看到了"文化大革命"的历史事实，他们接受过时代的洗礼，他们的才智都被武装过了，他们也就更具智慧。

虽然彦火的起步不能否认地占了时间上的便宜，可是，彦火并不是一个急功近利的人，他踏实、扎实、翔实，他要写作家，必定先尽可能搜罗了该作家的著作，现在的其它数据，经过细心的研读，参考别人的批评、分析、研究，他有了自己的看法，而后他亲自北上，找上了作家的门，花时间和他们会谈，直接去引证他的研究，而后他将它概括而深入地写下来，他写巴金写艾青，都说出了任何人所不曾说过的话，搜集了大部分可以找到的数据，尤其是研读了别家的论断，他从资料中去求"实"，从作家口中去寻求"真"，他出色的文章就写出来了，彦火的大名就不胫而走了，彦火就成了这方面的无上的权威。他说，他到美国，有教这方面的大学教授将上电视访问中国作家，他要彦火帮忙开列问题，这就是一例。

彦火有很长的时间生活、工作、研究在香港，可是，彦火不像香港人，彦火生来就不是香港人，因为彦火诚恳、忠厚、不哗众，充满了内涵，这些性格的特性，是和地道的香港人不一致的，是走向香港人相反的目标的，他一派书生，稳健、内蕴、深藏不露，平易近人，老成持重，颇具长者之风，从他的为人到他的文章，都是一致的。也就难怪读他文章的人要猜测他是一位半老人，因为他流露在文字间的，是远远超出了他年龄的心力的。

我在香港认识了彦火，有过三次一起吃饭、座谈的机会，这回他出席了"国际文艺馆"的讲座，有更多的机会见到他，从观察、交谈、和实际的生活中，我加深了对他的认识，在新文学方面，不论是过去、现在，都还找不出一位有这么好的条件，潜质、功力、认识、纯正的目标的研究者，尤其难得的资本是，他还年轻，年轻得太令人羡慕了，用他的年轻的活力、才智、恒心、学养，他继续从事这项难巨任务的研究工作，成就正无可限量。

彦火，他的工作是一面洞明的窗，他把它开向中国当代作家，让全世界的人通过他的报导，看清了一切，这份工作是有益于文艺的发展，有利于沟通世界各地的文艺交流和互相认识的，是功不可没的。

（新加坡《新明日报》，1985 年 1 月 21 日）

期以十年

□向谷桦

1986 年 8 月 24 日，新加坡华社资料研究中心假吉隆坡香格里拉酒店主办"国际华文文学研讨会"。大会由新加坡全国华团文化工作委员会主席张景良主持。讲者包括张系国、潘耀明、王润华、山本哲也及永华多斯，他们分别就有关各国华文文学的专题发表了演说。

来自香港作家潘耀明（彦火），在题为《中国、香港华文文学》的讲话中预言，本世纪的最后十五年，将是中国大陆文学的空前繁盛期。他说，自 1979 年以来，随着中国的文艺政策有较大程度的开放及西方文艺思潮涌入，已使中国文坛面临大改革的局面，亦为作家们带来创作上的新题材。他认为 1984 年至 1985 年是中国大陆小说创作的一个转折点。年轻一代的作家，为了表达他们从沉迷到觉醒的艰难和曲折，展示内心在艺术表现技巧方面作了新

第二辑 印象

的尝试，并取得了新的突破。

潘氏在讲话中指出，发展迄今，中国大陆的文学已具有政治意识和思想意识，表现形式力求多元化，寻根，反映老百姓基本生活要求，对宗教的探讨，民俗、风土文学，地域文化及口录文学（纪实文学）的特点。他估计中国文坛的未来五年或十年内出现伟大作家也是可期的。对潘氏预言，我们不妨拭目以待。

（《大公报》"变焦镜"栏目，1986 年 9 月 6 日）

贵在耕耘

□ 向谷桦

香港是中西文化交汇之地，对于世界文化思潮与动向，反应是敏感的。在文学创作上，亦不乏有利因素。可惜，香港文学的地位偏偏遭到社会的冷遇。香港作家彦火在出席新加坡国际华文文学研讨会上曾就这个问题指出："香港纯文学作品，是被认为反经济的。它的价值在作为商品来衡量时，是十分低微的。真正的文学作品往往连发表的园地也受限制，更遑论它的经济价值。故此，香港只有少数的职业作家。而这少数的一位，也不全是纯粹的文学作家。"至于为数相对较多的业余作者，他认为"这些人往往利用晚上别人在看电视节目时间或周日进行写作。因此，他们勤奋的精神是十分可敬的。"有鉴于此，香港文学尽管遭遇到各种阻力，仍然迂回曲折地向前发展，问题是，它需要更多有心人来共同耕耘。

在谈到香港文学目前的情况时彦火说："随着 1997 年地位问题的广受关注，也将带来香港文学创作的新动向，……到了 1997 年香港必定要回归中国，两者关系比过去将更加密切。而反映这一问题的文学作品已陆续出现。总之，1997 年使香港作家除了更关注中国外，也促使他们关注香港的现实。"在这里所引述的，只不过是彦火专题演讲的个别要点，它仍有待于有志者以实际行动去补充。

（《大公报》"镜焦变"栏目，1986 年 9 月 11 日）

以文会友的香港作家潘耀明

□杨朝岭

　　提起潘耀明，台湾海峡两岸及海外华人文学界的许多人都十分熟悉。这不仅是因为他的作品赢得了许多爱好者，而且还是因为他为海峡两岸及华人文学的交流付出了辛劳。

　　潘耀明是香港作家，他写过许多细腻而抒情的散文、游记。早在 1972 年，港青出版社就出版了他的《中国名胜纪游》，以后又陆续有些出版社出版了他的《枫桦集》、《大地驰笔》、《醉人的旅程》、《爱荷华心影》、《海外作家掠影》等十多本著作。他的《当代中国作家风貌》更是受到读者欢迎，一版再版，并被海外学者译成外文。最近台湾一家出版社征得作者同意，又经作者补充修订，再版了这本书（改名为《当代大陆作家风貌》），颇受文学界好评，香港及海外的一些华文报刊发表了不少评论赞扬这本书。台湾作家张放在读了这本书后说"宛如旧雨新知，栩

第二辑　印象

127

栩如生活跃在我的眼前"，并认为在台湾出版的同类作品中，这本书从内容到形式是比较完美的大陆文学评论作品。

为可敬的人立传

《当代中国作家风貌》一书，是作者花了三年多的时间写成的。该书共介绍了四十七位中国大陆作家，其中包括巴金、夏衍、叶圣陶、沈从文、钱锺书、俞平伯、冰心、曹禺、艾青、萧军、端木蕻良、秦牧等一批老作家。在写作上，他为了避免雷同，采用了他写散文清丽洒脱的笔调，把作家的生活经历、作品及其时代背景综合加以评介，富有立体感，避免了枯燥的流水账式的罗列事件年代，也没有那种令人乏味的无端的大发议论，使人读了感到亲切。

潘先生自幼喜爱文学，中学时代就有文章发表在报刊上，后来对 1919 年五四以来的中国文学有着浓厚的兴趣。从 70 年代初开始，他就注意收集当代中国作家的资料。1976 年"四人帮"被粉碎后，他看到大量有关作家的资料，并有机会与这些作家接触。尽管这些作家在十年动乱中受到委屈和打击，然而他们对祖国始终充满了爱，许多人在十分艰苦的条件下，仍然十分顽强地从事写作。他说："我看到这些，感到中国作家是一批可敬爱的人，应该将他们可贵的精神告诉读者，为他们立传。"七十年代末期以来，他利用到大陆参观访问的机会，访问了一些老作家，发现他们还没有来得及医好心灵上的创伤，"就已灼灼地燃起炽旺的热情之火，写下了不少振奋人心的新篇章。"回到香港后，他就写了一些作家的散记、印象记和访问记，发表在香港及海外的一些华文报刊上。后来在朋友们的建议下才结集出版。他的这些文章，都是在占有大量第一手数据基础上写成的，而且绝大部分经过作家本人勘正过。

在这本书再版修订过程中，他又得到多方的支持。他说："丁玲女士的夫婿陈明先生特别为我补充了丁老太晚年的创作活动；卞之琳老、姚雪垠老亲自写了一笺密密麻麻的信，补充、修订了他们的创作活动的新资料；秦牧先生除了重新修订拙作外，还写来了热情洋溢的信；即使是一些年迈的作家，因举措不灵而不能亲自执笔，也交代给家人迳与我联系，例如俞平伯老的外孙韦奈先生，叶圣陶老的公子至善先生、巴金老的千金小琳女士和端木蕻良老的夫人钟耀群女士等等，均曾为拙著补订新的资料。这些对我也是极大的鞭策和鼓励。"

以文会友　促进交流

作为香港三联书店副总编辑的潘耀明，在工作中十分注重编辑出版华人文学作品和台湾作家的作品，以促进台湾海峡两岸及海外华人文学的交流，《海外文丛》和《台湾文丛》，就是在他主持编辑下出版的。

《海外文丛》是从四年前开始推出的，截至目前为止，该丛书已收集了海外有影响的四十位华人作家的作品。以丛书的形式出版海外华人作家的作品，这还是首创。读者从这套丛书中可以感觉到海外华人的时代脉搏，较全面地领略到海外华人文学的风格与动向。比较多的人认为海外华人文学产生于本世纪中期。当时的作品多是描写留学人员的生活，被称为"留学生文学"。而现在，随着时代的变迁，华人作家的笔触已深入到华人社会的各个层面，其作品从不同的侧面反映了居住在异域的华人的生活和他们的思想感情。潘先生说，从发表的作品看，多数作品的题材与内容仍然离不开中国，与中华民族的文化传统更是有着千丝万缕的联系，如聂华苓的《千山外，水长流》、陈若曦的《突围》、包柏漪用英文写的《春月》，就是这些作品中较典型的例子。

为了出版《华人文丛》和《台湾文丛》，早在1979年他去美国参加爱荷华国际写作计划的时候，就开始着手组织这方面的稿子。回到香港以后，他又往返于新加坡、马来西亚、美国、加拿大、欧洲和香港之间继续组稿，花费了许多精力。此外，他还挤出时间，参加一些大型的华人文学活动。1982年，他走新加坡参加了第一届国际华人文艺营活动。这次活动，大陆和台湾均有作家参加；1986年，他应邀去马来西亚参加国际华人作品研讨会。

在繁忙编务工作的同时，潘耀明先生还兼任香港中华版权公司董事经理，为海峡两岸的出版合作和文化交流作了大量工作。

近十年来，中国大陆、台湾和海外华人作家来香港的增多，其中许多人来香港后往往要找潘先生，并得到潘先生的热情接待。潘先生说："尽管这些工作耗费我大量时间，但为了促进海峡两岸及华人文学交流，是值得的。我也在与这些朋友的交谈中获得许多文化信息，对一个出版工作者，文化信息（数据信息）是十分重要的，一些组稿也往往是在这些交往中敲定的。此外，我也学到了不少有用的创作经验。"

教育女儿要有"国"格"人"格

最近，潘先生的两位千金：小清和小翔要去美国留学，他感到过去常东跑西奔，即使在香港，由于忙于公务总是早出晚归，晚上和星期天的时间，又多用于写作，很少与女儿们一起玩玩聊聊。因此，在女儿即将离港前夕，他觉得应该拿出较多的时间与她们在一起，以作为过去交谈不足的一种"补偿"。于是，他利用自己一年一度的假

第二辑 印象

期，带着女儿到自己的故乡——中国大陆走了走，让孩子们看一看祖国的大好河山，亲自体验一下故里的乡情与亲情。

父母对儿女要说的话，总是说不完的，在他女儿即将离港时，潘先生又给女儿写了一封洋溢着父女深情的长信，鼓励孩子们到美国努力学习，并告诫他们在美国社会应注重自己的"国格"和"人格"，信中还特别引用了美籍华人作家聂华苓在《"国格"与"人格"——答青年朋友》这篇文章的一段话："在海外的人（华人）一举一动都代表着中华民族，在海外的中国人'人'格是和'国'格息息相关的。'国'格是国家在历史的演进中建立起来的，'人'格是中国人在美国社会待人处事的准绳。到美国去的人千万不要自囚于孤立的'中国城'中（指华人圈子），应该撞进美国社会，多和美国人接触，学习他们的长处，回来报效自己的国家。有了'国'格和'人'格的人，无论到那儿都会受到尊重的。"由此可见潘耀明先生对女儿的爱心和强烈的民族观念。

（《瞭望周刊》第 35 期，1990 年 8 月 27 日）

潘耀明——
书是他生命中永远的故乡

□张莉莉

作家与书

正是清明前后，细雨纷飞中，杏花村让人有了那么一丝惹人联想的诗意，"牧童遥指杏花村"的诗句在地车轰轰的行进中不间断地蹦出脑海。潘耀明在纷纷细雨中撑着一把伞从杏花村的楼群中走来。

早就听说潘耀明的藏书之多是香港文化人中屈指可数的几位之一，于是便约了到他位于杏花村的居所"谈书"，也可以借机一睹他的藏书（据说，他的办公室藏书也不少）。

书 房

　　大概是看惯了太多读书人藏书杂乱无章、满屋子乱丢书的场面，当走进潘耀明整洁得井然有秩的书房时，倒不由得十分意外了。四面墙的书房除了一面因为开了一扇面海的窗，在窗的一侧悬挂了一幅吴作人 1983 年为潘耀明手书的题词"学无止境"，另一面墙挂着沈从文题赠的长条幅章草和关山月的中条墨宝，其它三面墙都被装修成了一层层的书架，书架上的书虽然"拥挤"却秩序井然，以分类编号排列着，俨然一座小型的图书馆。不难想象，潘耀明每天就在这三面不抱的"书墙"中"寻欢作乐"，窗前那一张书桌，"书墙"根那一张花布梳化以及书房那一铺淡色地毯，让人感到潘耀明的读书生活真是闲适美妙得让人嫉妒。人生能拥有这么一间舒适温馨的大书房，夫复何求？

　　潘耀明居所的客厅，也同样给人"不同凡响"的感觉，一面墙上悬挂着赵朴初为潘耀明夫妇手书的王安石的"爱此江边好，留连至日斜，眠分黄犊草，坐占白鸥沙"的诗句；另一面墙上有饶宗颐题写的"延高朋以入座，启文明之广窗"的对联，一幅吴冠中的水墨画更令人眼前一亮。潘耀明喜欢文人书法，据他说，他在办公室还挂着俞平伯、黄苗子、潘受的墨宝，他尤其喜欢苗子题赠他的援引陈寅恪的两句话："独立的精神，自由的思想"。

大师们的书画给潘耀明的居所平添了浓浓的文化氛围，而客厅另一侧主人收藏的各国名酒酒办荡漾着的粼粼光波对着另一壁的中国传统瓷器、雕塑，又将潘耀明的居所装点得风姿绰约，情调万千。

潘耀明的书房和居所给人的错觉，正如著名学者潘亚暾在一篇评论潘耀明散文的文论中提到的："不知情者，还以为这位白面书生是含着金钥匙来到人间呢，殊不知他的成功是历尽千辛万苦和千锤百炼的。"

面对窗外迷蒙的雨雾，潘耀明的回忆有了一种年代久远的模糊，这一生他究竟读了多少书呢？他也说不清了，但他知道世界上读书最多的一个活了八十四岁的人，一生中读了二十五万册书，这无疑是一个令所有的人都惊异无比的数字。

虽然，潘耀明的言词表达比起他那些遣词造句美不胜收的散文逊色多了，然而从他的述说中笔者仍清晰地看到一个在穷苦中长大的孩子，怎样因了书对他的生命的进入，使得他平凡的生命有了不平凡的经历，使得他黯淡的人生出现了明丽的彩虹。

读　书

虽然已经走过人生的不惑之年，虽然双层复式的居所、温馨的家庭早已将潘耀明拥入一片温柔之乡、幸福之地，然而不管杏花村的海边荡漾着多少诗情画意，在潘耀明的记忆深处，永远挥之不去的仍是童年时生活的艰辛和不能继续求学的痛苦。因为这些深深的记忆，潘耀明一生都没敢松懈过自己，在与命运顽强的抗争中他一步步走向他的人生目标。

1957 年，十岁的潘耀明跟随母亲从福建山区来到香港，生活来源仅仅是父亲每月从菲律宾寄来的一百五十元港币，除了交房租，母子二人每月的生活费只有五、六十元。潘耀明还记得，从读小学到中学，在家中他从来没有在书桌上做过功课，租的房子小得根本摆不下哪怕很小的一张书桌，趴在着沿上做功课是母亲记忆中儿子最熟悉的身影。

对于儿时的潘耀明，在书桌上或在床上作功课并没有太大的不同，时常饥肠辘辘的他也自有他的生活乐趣，他在家中的全部活动天地就是那一张双架床的顶层，那上面散落的各种小人书给他单调的童年生活涂抹上了亮丽的色彩。当潘耀明又发现了高街附近可以免费借书的市政局图书馆和真光戏院门前那个花一、二毛钱便可以借书看的小书摊之后，他的双架床上的书就越来越多了。

和许多爱看书的孩子一样，潘耀明对书的兴趣也同样是从中国的古典小说《西游记》、《三国演义》、《水浒》

以及现代的金庸、古龙等人的武侠小说开始的，虽然学校不主张孩子们读太多的课外书，特别是武侠小说，但潘耀明仍是频频光顾市政局图书馆和那个小书摊，老师的忠告被他当作"耳边风"一吹而过，要他一天不吃饭可以，要他一天不看书几乎不可能。

升入中学，潘耀明的读书兴趣转到了五四以来新文学运动中崛起的作家和作品上，从读《家》、《春》、《秋》到通读巴金，从惊异于《阿Q正传》到崇拜鲁迅，从喜欢《边城》到痴迷上沈从文，之后又读徐志摩，读朱自清，读丁玲，读卞之琳，读一切他能从图书馆借到的这一时期代表作家的作品。时至今日，潘耀明最喜欢的两位作家仍是鲁迅和沈从文，他欣赏鲁迅"入世"的深刻和沈从文"出世"的超然，处于两个极端的作品都同样令他震撼。

从中国的书读到外国的书，从现代的书读到古代的书，潘耀明在读书中不知不觉的培养起了一种对文学的极度虔诚，他在一篇短文中曾写道：

"当我开始接触文学的时候，艾·丽·伏尼契的《牛虻》和罗曼·罗兰的《约翰·克利斯朵夫》，曾给过我极大的影响。它们给予我的启迪和信心是巨大的，一直是我蹒跚的人生道路和文学道路的导师。……"

"正视着人间的苦难——然后放声大笑！"

"牛虻与约翰·克利斯朵夫都有明确生活目的，是有所

第二辑 印象

追求的人，他们对人生道路上的重重横逆、打击，没有畏缩，并且具有一股不屈不挠的活力，因为他们均有一个崇高的理想和强烈的社会责任心。"

少年潘耀明的人生理想和对生活的认识就是这样从读书中建立起来，从读书中获得的人生智慧和生命感悟，随着潘耀明的年龄的增长释放出越来越斑斓的色彩，如同潘耀明客厅中那一幅吴冠中为他画的题为《茶，九五》的国画，画面的底色厚重，然而无限斑斓的生机却点缀于那一片厚重之中，令人想起《诗·邶风·谷风》"谁谓荼苦，其甘如荠"之句，大有苦尽甘来之寓意。

写 书

看书看得"走火入魔"的潘耀明，自然而然将成为一个文学家当作了自己的人生理想。

"在求学的时候，是怀着蔷薇色的梦，去架构一条理想的路。"

然而蔷薇色的梦抵抗不过生活的现实，家贫如洗的潘耀明中学毕业后面对的，是无钱继续升学的困境，是要养活母亲和自己的生活责任。即使是辍学打工，潘耀明也要找一份跟文学接触较多的工作。最初他到《正午报》任校对，而后当记者，再后任编辑。

有这样一份工作，对于一般的年青人来说应该是不错了，然而有着"蔷薇色"梦想的潘耀明对自己的处境和现状却十分不满，工作之余他去上大学的校外课程，读函授班，除此之外的时间仍是将自己泡在书里。

不幸之中也有大幸，虽然"蔷薇色"的梦想那时离潘耀明还十分遥远，然而在他的身旁，却出现了一位对他的一生起了很大影响的人物——曹聚仁。这位《正午报》的专栏作者、名作家、国际名记者对潘耀明启导有加，而潘耀明对这位被同事用谐音叫成"糟老头"的曹聚仁也推崇备至，皆因曹聚仁家除了书房、客厅堆满了书，连洗手间也到处是书，曹聚仁开玩笑说自己是"拥书而睡，拥书而便"。他援引清人张潮的话说："凡事不宜贪。若买书则不可不贪；凡事不宜刻，若读书则不可不刻。"按照他的指点，潘耀明漫无边际的读书开始有了范围和目标，围绕着新文学运动以来的作家和作品，他开始精读和细读，为他以后写出引起文坛注目的专著《当代中国作家风貌》打下了很好的基础。

70 年代中出任《海洋文艺》执行编辑的潘耀明，已一步步走进了他的蔷薇色的梦中，他同时在一些报刊以笔名彦火撰写多个专栏，"佳作迭出，文名日噪"。1983 年，潘耀明参加了聂华苓主持的美国爱荷华国际写作计划，之后由聂华苓和她的丈夫保罗·安格尔推荐，进入纽约大学修读"出版管理"课程，两年后取得了硕士学位。这期间，潘耀明边读书边打工，并主编美洲华侨日报的"书林"版。拿到硕士学位那一年，潘耀明已年近四十，从他留学期间写给两个女儿的信中，不难感受到为了他心中那个蔷薇色的梦，他付出了多少的努力和代价。

岁月流逝，潘耀明终于由读别人的书到写书给别人看。笔者采访时，潘耀明刚刚从北京捧回来一尊金灿灿的奖杯，他获北京中央广播电台颁赠"海峡情"文学奖的特别奖（获奖者尚有美、法、台湾及东南亚作家）。然而深知文学之路艰辛的潘耀明并不认为这有什么重要。"爬格子的动物走的是一条迢遥而无止境的路，行行重行行，仍然踏不上一条铺满蔷薇或金光闪闪的大道。"

虽然如此，潘耀明仍是在这条没有止境的道路上走着，因为他认定了"这就是文学家所走的路。"

出 书

美国学成归来的潘耀明，曾回到三联书店继续当副总编辑，之后虽然兜兜转转，却总也没能转出出版行业去，既然已学成了"出版管理学"及"杂志学"的硕士，大概想要改行是不容易的了。

三句话不离本行，潘耀明谈起出版来，似乎比谈起文学的兴趣更大。以作家和出版人的双重身份来看出版业，潘耀明认为大陆和香港的文学作品商业化的包装都不如美国，美国的出版人可以用很商业化的手段将纯文学的作品推出市场，赢得更多的读者。比如畅销六十万份的《纽约客》，编排得活泼，纯文学作品竟配以漫画插图，很有可读性。

自 1985 年从美国回到香港，潘耀明就用他的所见所闻、所学所思去构造他的出版理想。在三联书店时，他策划过十五套文库的出版以及"现代中国作家选集丛书"，与人民文学出版社的张北海共同策划在香港首创将作家的头像印到书的封面上，备受好评。在香港人的观念中，"书"和"输"总有些联在一起的意思，所以书很少被当作礼物赠送，而潘耀明正在构想和进行的出版计划则希望能够改变港人的这种旧观念。在国外，书经常被人们当作赠送的礼物，不管是送给孩子、老人还是朋友、亲人，送书却是一件很有意义、花钱不多而又很得体的送礼方式。根据这一构想，潘耀明年前策划出版的《城市礼品》便给书设计了一个很漂亮的礼品盒，这套书的对象无疑是以青年男女为主。至于儿童喜欢的漫画书、童话名著也都可以以礼品盒形式包装，孩子们没有"书"即"输"的观念，有益的书对于孩子任何时候都是最好的礼物。潘耀明希望同行都能够一起来推广这个意念，他说哪一天礼品书能够打入百货公司的礼品柜台，香港的图书市场一定会有很大的改观。

藏 书

拥有一间大六的书房，是从小在双架床上看书看大的潘耀明许多年以来的最大愿望。两年多前，当他搬进杏花村这套居所时，这个愿望应该说是完全实现了。然而在这之前的漫长岁月旦，潘耀明为了藏书真是费尽了心机。

从学生时代起，潘耀明就十分喜欢逛书店，手上只要有一点钱，他就忍不住想买书，这一买便是几十年。搬入新居前，书在潘耀明的居所里几乎无处不在，连妻子的梳妆台、孩子的玩具柜最后都被他的书"侵占"。然而尺金寸土的香港，连人的栖身之地都紧张，藏书对于早年的潘耀明实在是一件自讨苦吃的事儿。当潘耀明的居屋终于亮起了红灯，再也不胜负荷的时候，无可奈何之下，潘耀明只好将书清点，捐献了一部分给图书馆。

尽管藏书是如此艰难，但潘耀明仍是"恶习难改"，"原来每周起码逛两次书店，只得咬实牙龈，改为一周逛一次了！虽然这样，藏书也是一天天地增加。家人已一再向我发出劝告，可惜言犹在耳，一踏入书店，购书的欲念便油然而生，如同空手入'宝山'，不捡回几本书回去，实在无足于过瘾。"

虽然潘耀明知道在香港"藏书是极奢侈极浪费的事儿"，然而他仍是奢侈和浪费得没有节制，直至前些年他在上海著名作家茹志鹃的家中看到了悬挂的著名书画家赖少其题写的"煮书"二字，方大有所悟。"煮书"这两个字是从佛经的"煮经"剥来的，意喻着读书要将一些精典著作，精读到如同"煮"得滚瓜烂熟的地步，如此方能一生从书中受用无穷。潘耀明冀望着哪一天把家中所藏的书都能够"煮"一遍，也不枉了用整整一间房来"供"着这么多书的"奢侈"和"浪费"。

潘耀明很欣赏法国女作家玛格丽特·尤瑟娜尔的一句话："我最初的故乡是书本"，这句话不能不使潘耀明回想起他一生与书的不解之缘，书似乎不仅是潘耀明生命中最初的故乡，大概也是永远的故乡吧。

（香港《文汇报》，1997 年 4 月 27 日）

感受人生的诗意
——香港文人彦火印象

□李 辉

八十年代初，我大学毕业到北京认识萧乾后不久，他送给我一本《当代大陆作家风貌》。他说："香港有一个彦火，对现代文人很有研究，这是他的书。"

这是我拥有的第一本来自香港的书。

十几年后再看这本书，它仍然有着特殊而重要的价值。从叶圣陶、巴金、沈从文、钱锺书到王蒙、张洁等，几十位中国二十世纪文坛重要的人物，都在彦火的笔下得到描述。彦火的文章很难归为哪一种体裁。是采访记，是史料辑录，也是学术随笔，甚至还带有散文的抒情与情思，依我看，这也许就是彦火所独有的文体。

那时我正计划写《萧乾传》，所以彦火那篇写萧乾"文化大革命"后第一次出访美国途经香港的文章，留给我较为深刻的印象。文章行文流畅明快，现场描写、人物对话与作品研究交相呼应，颇为贴切地勾画出萧乾重获创作生命的勃勃生机。

> 第一眼见到萧乾，是一张硬照；微秃的额头，稀花啦的头发，略呈菱形的脸庞——是电影镜头上"老人的凝视"。
>
> 这是朋友从北京寄来的一张萧乾近照。
>
> 第二眼见到萧乾，是在红磡火车站，他迈着大步子而来，强有力的握手，听觉上虽有些"撞聋"，反应却是敏捷的。
>
> 这是有活力的老人。

文章的开头几段，其描述、其风格，与萧乾的性格、心情相得益彰，称得上人物特写的精粹之作。在《当代大陆作家风貌》中，类似的篇章不少。现在想来，彦火这个名字，之所以一开始就让我记住，显然不仅仅是他的书为我提供了一些难得史料，还在于一种风格的启示，一种介乎于新闻、学术、文学之间的漫步。

记得第一次读彦火我颇感到有些意外。那时对外开放的大门刚刚打开，香港文化对于大陆人来说，实在还显得陌生与遥远。金庸还没有火爆大陆，刘以鬯这种纯文学小说家知者甚少，更别说后来令人刮目相看的董桥，当时还在悄悄地为九十年代播种着惊喜。香港文化引人注目的似乎除了武打片和流行歌曲之外，似乎别无其它。这就难怪香港被人贬为"文化沙漠"。

可是，当时阅读彦火给我一种喜悦。仅仅一本《当代大陆作家风貌》，便让我从字里行间感受到作者浓厚的文代情趣，而这，对于生活于繁华都市的人来说是十分难得的。"文革"刚刚结束，大陆对现代文学的研究还处在百废待兴的阶段。可是彦火却是一个有心人。他得风气之先，取国际交流地势之便，集多年研究之积累，把目光注视在那些蒙受冤屈与磨难的文人，借他们的新作和近况的反映，来映衬一个苏醒的时代。

其实在香港做这样的工作却也并非易事。写一篇简单的印象记不难，追赶轰动性新闻而匆匆做一篇采访也不难。难的是，以一种系统研究作背景，从纷繁资料中归纳出作家的特点。从事这样一种写作的人，他需要静坐于故纸堆中，需要与现化文人情感上的共鸣，还需要有记者的敏锐和文学家的激情。而彦火，在当时那种资料来源有限，与内地学术界交流甚少的条件下，以独自一人的努力，对现当代作家进行全面扫描，其功力其成功显而易见。

于是，我记住了彦火的名字。

后来又听说，彦火其实就是潘耀明。彦火是他的笔名，除了《当代大陆作家风貌》，他已经出版了十余种散文集。他还长期从事出版工作，曾在美国纽约大学攻读出版管理及杂志学，先后出任香港三联书店副总编辑、《明报月刊》总编辑兼总经理、明报出版社总编辑兼总经理。

从第一次知道彦火这个名字，我便开始想象着他的模样。后来，经萧乾介绍，我们断断续续通了好几年信。两年前，他来到北京，宴请几位朋友，我们才见了一面。后来他又来北京参加作代会，但每次来京他似乎都是来去匆匆，不及深谈。直到这次我和妻子在香港逗留十天，才有机会和他细细交谈。

那几天，我们常常在一起交谈。在他家、在维多利亚海湾、在酒吧，从他的书他的经历，到我们同期熟悉的老人，我们似乎有不少都有兴趣的话题。他的外表文静而儒雅，语调也平缓，不属于那种性情浪漫、奔放的文人。但是，我发现，实际上尽管他有所节制，但还是一个性情中人。他不掩饰自己，不隐讳观点，偏爱也好，厌烦也好，坦率直言文坛人与事，其坦诚和忠厚，给人一种信任感。在香港，难得有如此可深谈的友人。

最令人难忘的，无疑是在那次在太平山上的漫步。

那是圣诞、新年之间的一个夜晚。在圣诞节的灯火映照下，彦火带着我和妻子在香港岛的太平山上漫步。

一到香港，他就告诉我们，在太平山上鸟瞰香港夜景，是最为美妙的。他说香港是蜿蜒起伏的丘陵，楼宇依山而筑，参差嵯峨，曲折多致，有层次，也有立体感。我读过他的一篇散文《美的香江夜》，他在文中便发出如此赞叹："虽然没有踏遍天涯，但跑过的地方委实不少，大者如纽约的夜、多伦多的夜、伦敦的夜，东京的夜，均曾流连过。但在视觉和感觉上，就是没有香港的夜那么妩媚，那么风采夺人。同去的朋友从太平山下瞰香江夜，无不由衷地发出赞叹！"

我们当然也不例外地成为发出赞叹的人。

的确，漫步在太平山上俯瞰香港夜色，感受灯火街景的壮观，远非文字所能描述出来。一般游客，仅仅在山口处驻步凝望，而我们则在彦火的带领下，顺着环城山道漫步。他说这才是观看夜景最佳方式。因为，一步一个角度，香江也就在我们面前呈现不同场景来。

我们漫步于小道，欣赏着山下的夜景。不过我和彦火的话题，更多是我们共同熟悉的前辈文人。当年艾青来香港，他曾带艾青来这里散步，艾青太感概：香港居然有这样安静的地方！他与俞平伯有密切交住，曾安排俞平伯到香港访问。还有卞之琳的认真与细心，唐弢的热忱，萧军的爽快……

彦火谈到了自己，他1948年出生在福建南安县，父亲在他出生后不久就到了菲律宾。在十岁那年，父亲申请把他接到了香港。那时家境贫困，他与母亲住在一个面积只能放一个衣柜和一张双层床，他的书桌就是搁在上层床两沿的一块木板。即使在这样难苦的环境中，文学一直是他美丽的梦。他一边完成小学课程，一边从公立图书馆借阅一些新文学著作。在中学，他与几位同学成立文学社，出版油印刊物。

不过，彦火走上研究现当代作家这条路，则与曹聚仁的指导启发有关。中学毕业后，彦火到《正午报》工作，从见习校对做起，校对、见习记者，一直做到编辑。在此期间，他结识了为《正午报》开设专栏曹聚仁先生，从曹聚仁那里他第一次感受到现代文人身上所特有的气质和情怀。在一次谈话中，曹聚仁勉励报馆记者和编辑，应该从年轻开始树立自己的文学志向，做一点文学研究工作，长期注意和研读一两个文学课题，假以时日，肯定会做出一点成绩来。

曹聚仁大概没有想到，他的这番话竟然决定了彦火未来的人生道路。正是从那次谈话之后，彦火开始搜集数据，设立卡片，走进了作家研究的天地。做这样一些工作时，大陆还处在"文革"的阴影之中。但正因为他有了这样一些学术上的准备，才会在随后的日子里，写作出《当代大陆作家风貌》这样一本扛鼎之作。80年代，在担任三联书店副总编辑期间，他又充分发挥自己与作家关系密切的优势，策划出一套套规模宏大的丛书，几乎将大陆健在著名作家当时所有新作都囊抱进来，其中包括巴金的《随想录》等。在香港三联书店主持编务期间，曾策划编辑十五套大型文丛，其中包括"海外文丛"、"台湾文丛"、"香港文丛"、"现代中国作家选集"、"西方文化丛书"等。

在这样的小道上，谈这样一些话题，我仿佛更深地理解了彦火。

在香港游览见几天后我发现，繁华的香港并非如过去所想象的那样，到处是一片喧闹。由于城市管理的规范化和市民较高的文明程度，这座都市并不像内地一些城市那样因为喇叭声、喧嚣声而让人感到紧张和压抑。除了商业中心拥挤的人群之外，一般马路上，行人不多，人行道显得安静。给人的感觉，即便在矗立的楼群之间，仍然不难寻找到一个静谧的角落。

从文化意味上说也是如此。假如仅仅着眼于香港繁华闹市一幢幢摩天大厦和这座都市的现代化程度，人们不难会感叹文化在这里并不那么醒目。因为香港的经济实在太繁荣，商品的观念已经渗透于人们生活的每一个角落。但是，这只是一个几百万人口的城市里，有着许多值得香港人骄傲、值得大陆人钦佩和羡慕的文化成果。一座座美丽安静的大学校园，为数不少建筑独特设施完备的美术馆、文化中心和图书馆，不同风格特色的大大小小的店，更有一群陶醉于文化创造之中的文人。人们已经熟悉了金庸、刘以鬯、董桥的名字，还有如饶宗颐这样被誉为学界泰斗式的学者。在香港几天，我所见到的美术评论家黄蒙田、作家罗孚，还有话剧团和现代舞蹈年轻的编剧和导演……这样一些文人，与大陆许多的文人相比并不逊色，而是各有千秋。正是接触到这样一些文人，香港文化在我眼里变得具体丰富。

文人为香港这座城市创造着诗意。

无疑，彦火是他们中间的一个。

和彦火漫步于太平山上，听他兴致勃勃讲述那些前辈文人的故事，我就不由更为深切地感受着他身上所漫溢而出的文人情怀。对于他，这样的情怀，无疑便是心中的一片静谧的花园。

有了这样的情怀，彦火和内地不少文人结下深厚友谊，和他在一起，人们会产生一种信任感，仿佛找到一个知音。我想，也许是因为他的学术准备和这一情格特点，使他能够在"文革"刚刚结束时就能成功地进行一系列作家采访，写出富有文采、内容翔实的印象记。

钱锺书被视为最难采访到的一个文人，但是彦火却在1981年出色地在钱锺书家中对他进行一次成功的访问。从《谈艺录》、《管锥编》到小说《围城》和《宋诗选注》，从写作习惯到生活习惯，古稀老人钱锺书与三十多岁的年轻彦火谈笑风生，侃侃而谈。我所看到的关于钱锺书的访问记中，彦火这篇最为丰富最为生动。试摘录几段如下：

彦　火：您的作品是高质品，而且十分耐看，这几乎是公认的了！

钱锺书：有一位叫莱翁·法格（LON FARGUE）的法国作家，他曾讲过一句话，写好文章好比追女孩子。他说假如您追一个女孩子，究竟喜欢容易上手的，还是难上手的？这是一个诙谐的比喻。（笑）

彦　火：这个比喻很妙。我看一般人也只能追容易上手的，因为难上手的他们追不上！

钱锺书：他说：就算你只能追到容易上手的女孩子，还是瞧不起她的。这是常人的心理，也是写作人的心理，他们一般不满足于容易上手的东西，而是喜欢从难处着手。

从摘录的段落不难看出，谈话气氛十分轻松，钱锺书妙语连珠，彦火的对话也机智灵活，堪称写文人对话的典范之作。可以说没有一种相知感，是不可能发生如此精彩的对话。

彦火曾经写过一篇散文《我欣赏诗的人生》。他说有一个美国批评家，把世人分为两大类，一类是专务实利的人，一类是带有诗歌色彩的人。彦火所欣赏的是具有诗意人生的这类人。

以乘船渡河为例。专务实利的人，只想到过河和即将要做的事情，而具有诗意人生的人则富有诗的欣赏力。他们不忘身在船上，也知道不久就可登岸，但同时他不辜负渡河的一刻，而伫立船头或甲板上，浏览河上穿梭的船只，天际的景色，船旁的涌浪，以及船上式式样样的人物。由此彦火发出这样的感慨："特别是极度商品化的商业社会，人的价值也成了商品的价值，人生仅仅是一场商品的角逐，已失去了本来的意义。那末，作为诗的人生，难道不是值得颂扬的吗？"

可以感觉到，彦火自己追求的便是一种具有诗意的人生。

于是，自然界的花草树木，天际间变幻无穷的景致，包括性格各异的作家，都是诱发他心中诗意的对象。让他永远保持一种文人情趣的，不仅有作家们的人生和作品，还有故乡中秋月的记忆，来自爱晚享的一叶三角枫，以及书房的梦，文人间纯真的友谊。有了这些，他才觉得人生是如此美妙。他无法想象，没有了这些他还能产生出什么工作的热情。或者说，他所奋斗和努力的一切，还有什么意义？

有了这样的诗意，他与文人间的交往，就少了许多商品气息，多了真诚的情谊。熟悉他的朋友，看重他的才能和实干精神，更看重他的那份真诚。显然，彦火愿意把这样的志趣，影响他的两个女儿。在一篇《写给女儿的长信》里，他所着力渲染是亲情和友情，谆谆教诲的是如何真诚地做人。

他要把人生的诗意重植在女儿心中。

当彦火把这些形诸笔端时，他也就感觉到了人生的满足。他拥抱它们，也格外珍爱它们，因为他生活在 20 世纪，生活在香港——一个繁华的都市。

（《博览群书》，1997 年 5 月）

彦火夺两散文奖

□佚　名

香港作家彦火（潘耀明）获 1997 年度北京中央人民广播电台颁予散文奖。中央人民广播电台举办的《海峡情》文学奖今年度为第九届、"四海华文笔汇奖"为首届。潘耀明同时获上述文学奖的特别奖。获这个奖项的还有新加坡的陈瑞献、马来西亚戴小华、台湾的祝希娟等。

彦火获奖文章为《竹风·竹笑与血性》，文章借杜牧、苏轼、美国诗人保罗·安格尔抒写竹子的诗句和曾国藩养湘竹的故事，揭示了竹子柔软而坚强的性格及浩然刚直之气，并进而指出：湘竹不仅象征了中国女性多情和坚贞，还有一种知不可为而（为）的血性，"是以死报答知遇之恩的血性，是对目标的追求至死不渝的血性。"

第二辑　印象

155

这篇文章除了在北京中央广播电台上广播外，还在香港《文汇报》、台湾《联合报》、新加坡《联合早报》及中国内地多家刊物登载。

(香港《星岛日报》，1997 年 5 月 25 日)

香港，一个充满生机的小圆圈圈

□ 高 远

在中小学的地理、历史课中虽然学过有关香港的知识，但最终这一切在我头脑中仅化为一个明晰的印象：香港，只是中国地图上的一个小圆圈圈，如同地图上的北京、上海这类地名一样；当然，它又与北京、上海有别，是一个静止无声的地图上的符号。

1980 年，我出差到福建，从石狮买了条尼龙纱巾，质地柔软、色泽丽亮，卖主得意地说是香港服装，款式新颖，色彩丰富，令人大开眼界。

后来，在北京的商店里标有 "Made in Hong kong" 的商品越来越多，从塑料制品到大小家电，精美实用。而在专卖舶来品的外汇商店里，香港商品更是充斥柜枱。对于香港发达的制造业和繁荣的外贸出口，我开始有了具体的感性认识。于是，香港这个小圆圈圈，此时已经从地图上走了下来，进入我的生活。

不仅如此，往日只能在国庆活动中才一睹的"港澳同胞"，这时也走近普通百姓。也就是我和傅活做为《人民文学》编辑、记者出差福建那次，有幸结识了香港朋友潘耀明、王尚政、何达、黄河浪，这四位作家应福建作家协会的邀请，回故乡参加活动。

因为是初识，加之改革开放时间还不很长，昔日那种"内外有别"的心理障碍也在某种程度上影响着深谈。尽管如此，我们还是相互有了初步的了解。特别是潘耀明说，他自己每天都要给报纸写五百字的专栏文章，哪怕出门在外也不间断，这给我留下很深印象。

后来，潘耀明将这次活动中所拍的照片分别寄给我们。我那六张彩色照片，至今仍在我的彩色影集中占据着开篇之页——这是我个人最早的彩照。国内的彩照业是在五年之后才大规模上市的。在这方面，香港比我们先进一大步。

潘耀明此次故乡行写了一些文章，其中由泉州洛阳桥引发的一篇散文《桥》后来发表在《人民文学》上。此后，我们的联系一直保持下去。每逢新年，几乎都有贺卡互赠。有一年，忽然接到他太太的来信，令我意外。原来是潘耀明到美国去上学深造，这期间有事可同她联系。两三年后，再接到潘耀明来信，他已升为三联书店的副总编辑。到九十年代初，他又到一家杂志社任总编辑、总经理。在这十来年，他任职单位换了几家，职务一升再升，这是与他不断学习、奋发刻苦分不开的。这也从一个方面看出，香港工作岗位调换的灵活性。

从潘耀明这位香港朋友身上，我得到了一些启示。

我忽然想到，圆是由围绕圆心而动的无数点组成的。地图上香港那个小圆圈圈不也是由围绕香港生活节奏而运动的无数小点组成的吗？而我的香港朋友不正是这千千万万小点的一个么！这时，我头脑中的那个小圆圈圈立时充满了生机，鲜活起来。

（《人民日报海外版》，1997 年 6 月 30 日）

港人彦火

□ 王安忆

读彦火的散文，你就读到了一副好人的心肠。他顾恋地看一朵花，一株草，一抹绿苔。他叫一种无名的花为大红花，这叫法朴素也真实得很，而且含着好心情。他写道他怎样把绿苔一点一点采回家，一点一点铺在他家的盆栽里。他又写了旧时的吃食，比如蕃薯，不尽因为念旧，而是真觉得它好，是惜物的天性。他特别写到的是他见到、听到和读到的人和事，你会发现他总是感受到别人的好处，倘若是一个有过交臂的人，他便感受到了别人的情义，有些滴水之恩，涌泉相报的意思。这像是一个生活和社交都十分简约的农人，可是，彦火其实却是在香港，这个甚嚣尘上的世界，这里面不禁有了一些叫人伤感的东西。

初认识彦火，是在美国的小城爱荷华。那时候，都称他的本名潘耀明。这名字叫起来，很像是一个中规中矩的学生。而爱荷华又是一个大学城，他呢，真的是在那里求学。于是，一早一晚的，总是见他背着双肩背的书包，穿着牛仔裤，走在美丽的爱荷华河边。树荫罩着他的身影，背景上是一副剪影，放学的孩子们划着小划子，从金光烁烁的河面上穿行而过。太阳已经落到很底了，光线却依然那样充沛。在这样的环境里，人都是明朗的，你真的一点看不出他有多少愁绪。

后来，在香港见到了他，情形便不同了。香港的高楼，在他脸上投下阴影，在熙攘的人群里，他就像瘦了一壳似的，显得疲倦和紧张。他总是匆忙地走东走西，奔波着各种事务。他的性子也就变得有些躁，缺乏耐心。还见他时常出现于种种宴席上，应酬的笑脸之后，仍是有着几分恳切的真心，但也是不定心的，席终人散之后，还有的事情须去摆平。有时，他或者会去游玩，多少也带着些拼命的意思，来去匆匆。这大约就是香港的生活，山景，海景，还有满街满市的新衣服，新玩艺儿，都是给旅游者准备的。本港的居民，则是在楼缝中的狭街上，奔忙着各自的生计。旁观者可以说这是盲目，可身在其中又有几分自由呢？生活本来就够繁重了，他又是格外认真的人，便再给自己加了压力。他难免是焦虑的，爱荷华的求学生涯，仅仅是生活中的一个短暂的插曲，带着些偷闲的意思。结束了，回来了。那一段就算过去了。生活还是原样，人，还是原来的人。潘耀明是叫做潘先生的，当然，还叫彦火。

彦火的散文其实是在这密密匝匝的生计中，硬挤出的一点闲心。这不是说挤就挤得出来的，也不是靠搏劲、拚劲就可以强使得出来的。却又不是那样复杂，而是很简单，就是直面现实的时候，略微有一些旁顾。闲心就是从这些旁顾中生出的。

怎么说呢？就是说，当他从钢筋水泥的天地间往返穿行时，他偷眼瞥见了"斑斑驳驳的春意"。这"斑斑驳驳"四个字，就只有用在香港的春意上了，零星的，小打小闹的，却也是屏足了力气。屏足了力气，也未见得能成"片"，连成"线"也不能，只能"斑斑驳驳"。照理是不起眼的，可彦火没有放过。

再怎么说呢？就是说，当他一往无前在奋斗和争取的途上，略一回眸，余光里闪进了过往的岁月。说岁月也许太郑重了，是一些触觉、味觉和嗅觉的印象。它们很细碎地流连着某种模糊的记忆，关乎故乡，宗族，聚和散，离去和归来。换了小说家，或者是可写一部史诗的，可彦火特别忠实他的短促和零散的回眸，他记叙它们，已经使他满足了。他没有扩张的野心，这也是他的好，就是心平。

还怎么说呢？在拥挤，密集，堆积起来的人丛里，人和人其实并不是相亲相近的，而是防备，警戒，蒙上一层保护的壳。而他，则在壳上敲开了缝隙，汲取了人们的好意。一次邂逅，一个偶尔的相聚，一瞥无意的眼神，都被他欣喜地感激着，用这些文字，声声道谢。

衬着香港的结实的生计，这些旁顾显得很虚无，与现实无关，可却关乎我们的心情。心情是甚么？它是我们被迫的人生里，惟一的一个主动，你说它重要还是不重要？

这些旁顾，来自彦火分外的善感。他的善感，使他能够从密实的，已经饼结的现实生活里，伸出他的、坚硬而又柔软的感受的触角，它们张开汲取的毛孔，捕捉着飘忽在空气中的，那些肉眼看不见，没有实体的元素。这是滋养我们心情的元素，使我们的心情变得比较湿润，柔软，在这纪律严格的人世中，比较经得起枯乏的煎熬，起着一些洇染的作用。

在彦火劳累和心烦的生计中，他所写下的这些散文，安慰着自己，也不期然地安慰着他人。

1999 年 6 月 20 日苏州胥口

（此文是王安忆为彦火《异乡人的星空》撰写的序言）

潘耀明：香港文化圈的"宋江"

□戴　萍

　　第一次见潘耀明是在柴湾某工业大厦《明报月刊》编辑部，1992 年，他说话极少，这一点令我惊讶，因为按照我以往与内地文化界人士交往的经验，总编级人物都是口若悬河的，接下来又在一起吃了几次饭，他还是一句话只有三五个字，到点就埋单走人，说是赶着睡觉免得影响上班，你不禁要望着他的背影发愣。

　　据说女作家们最爱逗他，有一次开文学会，他进酒店房间去，几位女作家"嘿"的一声跳了出来，都穿得极少的衣服，闹得他面红耳赤，女作家们几乎要对准他的耳朵叫道："说说看你当下在想什么？"他也只是不吭不哧，但想来他心下还是欢喜的，他对女作家们服务周到，这一点也有名，大家都说他属于"随风潜入夜，润物细无声"型。

　　他对女人的气质最最敏感，一个有气质的女人，远在十米之外他都能闻出味来，当然，他只停留在出神的阶段，一有动静就要朝反方向逃走，他固守着"谦逊君子"风范，时代的风化症一点没有侵入到他身上去。

"人家跟我打交道，一开始都对我印象不深，时间久了就发现我的一些东西。"他曾自我分析地说，但那"东西"是什么，他也不加解释，我读他这个人还是通过他的作品，如用彦火笔名出版的《旷古的印记》、《生命：不尽的长流》、《人生情》、《苔绿》、《永恒流动的情感》、《鱼化石的印记》、《中国当代作家风貌》等等，约二十种，他的内秀通过这些作品发泄出来，挥洒自如，他对人生的感悟，满纸都是作家的细腻雅致，这是一个香港不多见的有文学痴情的人。

"人生好像点燃的蜡烛，即便倾倒了，火苗仍然向上。"《牛虻》中的这句话他就经常提起，因为他自己就有过一段跌下又爬起的经历。那是60年代，他读中学，与人搞了个"豪志文学社"，但"文革"一来，这类活动变成反动，牵连他一个优等生找不到好工作，只有去某小报当"跑狗"版校对，他翻身是在1978年：转去《海洋文艺》任编辑，因而满足了文学瘾三年。后进入三联书店，一路做到董事会董事兼副总编辑十六年，金庸邀请他到《明报月刊》任职总编辑，后又兼任明报出版社总管事务。在香港，作家手中都拿捏着一把事情的，他算是典型了。

他是个读书极多的人，有一年，他数了数自己的藏书，近万册，不由得吓出一身冷汗。因为在香港，书和"输"既同音又同义，书既不是生财工具，又要占用尺金寸土的空间。"我是个地道傻子，如假包换。"他针对这一点说，他曾将饭厅的墙壁利用做了入墙书柜，又将一个大书柜放在平方数十尺的寝室，甚至洗手间，也成了书的天下。

说起他爱书的特点，还有一趣事：如果不是因为书，他不会由有产阶级沦为负资产阶级。话说有一年，他要搬家，买了一幢小别墅，但等入住需要两年，便一直在旧居窝着，"如果不是想着一屋子书搬来很麻烦，我是会去酒店住。"他说。这一拖延便惹出祸来了，正巧当时香港楼价直线下跌，等他出售旧居，已是亏了八百万。

如今他还是碰见好书就买，捧回家东翻翻西翻翻，便像小孩子有了玩具，而喜不自禁。他读书和工作是相得益彰的，想一想，他曾于"三联"策划十五套大型文库，光那工程就要读多少书？他读书还不能专精，要驳杂才好，因为他主管的《明月》本身就是一份泛文化杂志，所谓泛文化，就是什么事物都可以进入文化层面看待，社会现象或思潮都可以进入文化层面探讨，而不仅限于人文学术，这是他给《明月》的定位，他自己当然首先要打破学究气才行了。话说那年金庸请他出山，除了《明报月刊》总编辑又给他一个总经理头衔，他悟出意思来了：除了办杂志，还要对它的销量负责，在他任下，《明月》销量大为攀升，这当然归功于他的市场眼光，他自称是当年留学美国，发现人家的出版管理和编辑思想很是灵活机动，也学了一些招数。

我就发现自己如果有什么问题，找他出谋献策还真是遇对人了，他的社会性也真是警觉，再加上有眼光，实在有别于一般书呆子，他可以将你的人生路向设计得头头是道，曾经我和他谈起这一点，他也说他自己是个敏感的人，对文学的敏感和对社会生活的敏感是互为贯通的。

我觉得也是，若非这样他也不会在媒体老总的位置一直坐着。

按照西方心理学家的分类人格有九种型态，我判断他属于第一型态"助人型"，而不是大部分作家都归属的"艺术型"。记得曾经一度，只要我给他打电话问近况，都听得他说家中有客人落脚，要忙着招待，这些客人大多是海内外人路过香港的，实际上，从70年代末以来，他就和海内外文人建立了千丝万缕的关系，在香港这个铜墙壁垒的商业社会，他那里还保留着一处中华文化的荫庇之所。

一位学人说，如果将香港文化圈比喻成梁山泊，潘耀明就是宋江式的角色，统领大家一齐上山干事，如今他任职香港作家联会执行会长，果真是在这个位置上。

（《文学报》，2005 年 12 月 1 日）

作家、编辑家、出版家潘耀明

□白舒荣

潘耀明是我认识二十多年、十分敬重的老朋友。

作为作家，他多以笔名"彦火"名之；作为编辑家和出版家，他则以本名"潘耀明"面众。

儿时的饥饿中，潘耀明就"憧憬着外面的世界"。是他的父亲，满足了儿子看世界的愿望。上世纪 50 年代后期，下南洋到菲律宾的父亲把妻子和儿子从福建南安贫瘠的山村，申请到了大都市香港。那年，他十岁。

在摩天大楼肩摩踵接的香港，他和母亲的生存空间，连一扇窗户也没有，只能放下一个衣柜和一架双层床。困苦成为他努力向上的催化剂。入中学就开始成立文学社，有志于文学创作的潘耀明，出中学校门后，进了《正午报》，从见习校对、校对、见习记者，直当到编辑。这时受著名文史学家曹聚仁的勉励和启发，他树立了自己的文学志向。

潘耀明的经历中，有过编辑《风光画报》的记录。他的第一部著作、出版于70年代初的《中国名胜纪游》，应当是这份工作给他机会走南闯北的产物。

从这本书，不由联想到今年九月上旬我到香港参加的"世界华文旅游文学征文奖"颁奖活动。这次由香港、澳门、新加坡等地的文学社团、报纸杂志和大学等六家单位联合发起的规模空前浩大的华文旅游文学征文评奖活动，就是由潘耀明发起策划和组织进行的。顺应时代潮流和需要，他正着手成立"世界华文旅游文学联会"。

后来他还编辑过文学性杂志《海洋文艺》，为他研究中国作家提供了许多便利，在多次回大陆参访时，幸晤了巴金等许多当代著名作家。他陆续撰写访问记，向海外报导。在此基础上，于80年代初，结集出版了50万字的文学评论集《中国当代作家风貌》。可以说，是编辑工作推动了他的研究和写作，反过来，也奠定了他从事编辑出版业的丰富过硬的人脉资源。

潘耀明从70年代初起步于文学创作，至今在中国大陆、香港、台湾出版了二十多本著作。并多次获奖。在他的创作中，丰富的写作题材，紧扣着他的生命律动和人生足迹；散文、随笔、纪游、海内外作家作品研究，涉猎广泛文类驳杂的体裁，体现了他作为编辑家和出版家的职业特点。

当今纯粹靠写作谋生者，凤毛麟角。潘耀明的主要时间和精力始终放在自己同样热爱着的编辑出版工作。

有几次重要的机遇对他的事业发展可谓影响至大：进入香港三联书店，从编辑部副主任升到董事副总编辑；应邀参加美国爱荷华"国际写作计划"、到纽约大学攻读出版杂志学，获硕士学位；受聘于著名报人、小说家金庸，进入《明报》系统。1991年，素无私人交往的金庸先生，突然通过著名作家董桥打电话约潘耀明见面。他到了金庸的写字楼，金庸没有多话，当场就写下聘书，聘他担任《明报月刊》的总编辑兼总经理。《明报月刊》由金庸创刊并主编，后来历任的胡菊人、董桥等七八位主编，都是赫赫名流。在他们的前后经营下，这份杂志已经建立了相当高的学术水平和文化品位。潘耀明意外受聘，颇感惊奇，十分感动。尽管他当时还没有向三联书店辞职，当场便毫不犹豫地签了约。

作为著名报人，金庸能毫不犹豫地将自己心血浇灌的名牌杂志托付给潘耀明，想来他的专业学习训练和在出版业界的优异表现，他广阔的国际视野和丰富的人脉资源，都是为金庸看中的原因。

90年代中期，金庸出售了《明报》，他随之到金庸的明河出版有限公司担任董事总经理兼总编辑。未久他又回到了换了老板的《明报》，再次主编《明报月刊》，并担任明报出版社和明窗出版社总编辑兼总经理。

香港是国际商业大都会，看书的人以寥若晨星形容似乎也不过份，加上网络文化海啸般地冲击，更难吸引读者为购书掏荷包。

"未尝试不轻言败"，这是他一向做人和做事坚持的座右铭。当初刚接手时，明报出版社亏损严重。他使出浑身解数，要求自己，尽量做到满足股东们的"向钱看"，又不能放弃文化理想。为此，特别成立了明文出版社，推出"培养作者计划"和"成就学者计划"，帮助作者自费出版，既可以降低投资风险，也可发掘新进作者、帮助年轻学者圆出版梦，并能利用明报的优势宣传推广。如此做下来，对作者和市场均不无补益。在他的努力下，明报出版社终于扭亏为盈，如今从出版物的质量和社会影响看，这家出版社，以及他主编的《明报月刊》，不但是香港，也堪称是整个华文世界出版业界的翘楚。

我戏说潘耀明是"千手观音"。担任《明报月刊》、明报出版社、明窗出版社和明文出版社的总编辑兼总经理，经营着这么繁重的实业，还有精力兼任不少社会职务。诸如香港著名文学社团——香港作家联会执行会长、上海交通大学世界遗产学研究交流中心荣誉理事长、香港文化交流顾问、香港特区政府香港艺术发展局艺术顾问，等等。

此外，为了推动文学事业的建设和发展，他策划过不少文学活动。尤其近两年前后策划组织的"世界华文报告文学"和"世界华文旅游文学"的征文活动，更将繁荣世界华文文学创作，纳入到他的文化理想和实践之中。

他的奋发贡献社会，让我不敢虚掷光阴。

（《人民日报海外版》，2005 年 12 月 15 日）

中资人士出掌《明报月刊》

□ 佚 名

正当《明报》敲锣打鼓上市之际，它旗下的老牌政论杂志《明报月刊》，也告走马换将。该刊原任总编辑是古德明，月前已经请辞，但谁是接班人一直未明朗，以致传闻多多。现在谜底终于揭开，原来是中资三联书店的副总编辑潘耀明。

据闻查社长本来欲拉基本法咨委会前副秘书长马力加盟，出掌《明报月刊》，但后来李柱铭愤然控告《明报》作者辛维思毁谤，迫这位"亲中炮手"现形，而许多人怀疑"辛维思"正是马力，故查社长不得不改变初衷。

潘耀明在文化界颇有名气，以彦火笔名写过不少散文和文艺评论，先后结集成书。他虽是三联书店副老总，与中方关系密切，但政治色彩甚淡，这方面与马力很不相同。

（香港《壹周刊》，1991 年 3 月 8 日）

第二辑 印象

《明报月刊》得人

□林 洵

潘耀明先生出任《明报月刊》总编辑兼总经理，可曰人地两宜。谨为之贺。

1980年我来港定居两年吧，就认识了潘先生，记得是古剑兄介绍的（有好几位文化界的朋友都是古剑兄的关系而相识的）。其实，70年代我在上海时，已在好友吴德铎兄处读到了香港出版的《海洋文艺》，就是潘耀明先生主编的，心仪已久。

近几年来，我们时有往还，早在五六年前，承潘先生不弃，他不止一次约我在《回忆与随想文丛》（三联书店出版）中写一本书，大概他认为我的经历有可写之处吧。但我没有应命，原因是，忙忙碌碌，静不下心来，把走马灯似地几十年往事过滤一下，以免贻记流水帐之讥。其次是，我是个小人物，没有写回忆录的资格。苏联朱可夫元帅、第二次世界大战的英雄，解甲归田（庄园式的别墅）之后，写了一部回忆录，题名曰"回忆与思考"，所谓"思考"，在我想来，有两层意思，一是作者自己的思考，另一是启发读者的思考。这样的回忆录才有价值。我稍有自知之明，因而不敢动笔。

但，我是十分感激潘耀明先生的。他尊重文化界的朋友。自尊，才能尊人。我始终认为，文人以立品为第一。

正因为如此，潘耀明在海内外（包括外国、台湾和内地）结交了许多朋友，我们从五月号的《明报月刊》的作者名单就知道了。办杂志，首先是策划问题。一个综合性的文化性强的杂志必须有所侧重，这是毋待言的。然后就是"求贤若渴"了。组稿是相当困难的事。月刊的文章和报纸上的小块专栏一样难写，但大块文章更费时间和心力也是事实。潘耀明先生对月刊今后几期的主要内容已有所规划（当然得视形势发展而调整）。我相信，在胡菊人先生、董桥先生、张健波先生、古德明先生耕耘的基础上，潘耀明先生主持下，这份恪守"独立、自由、宽容"信条的月刊必能百尺竿头，更进一步。谨此以文，略申祝愿。

（香港《明报》，1991 年 5 月 7 日）

《明月》随想

□余 雁

潘耀明接掌《明报月刊》已有一段日子了。

一向以来，都在朋友家中或图书馆中或报社的杂志架上，读到潘兄的努力，也从不敢妄作评语，直至今日，我才可以肯定说：潘兄的努力，果无白费，《明月》在他手里，有其光华。

1992年第2期开始，因为想读罗孚的大作（罗先生是我敬爱的长者），我自己决定不再借阅了，像买《百姓》一样，我开始花18元自购了。

今期（3月号）除了例有的特辑之外，我尤其爱读《十方谈》几篇杂文，这里的其中一篇，已足以作为昔日《博益月刊》的重量级专文了。可见潘耀明联络的工夫，是多么的收效，尤其端木蕻良、戴厚英、许世旭的文章，是不容易读得到的啊！

我知道，《明月》的写作群，将会越来越大，品种也会越来越多！因为潘耀明现在正刚刚开始，他精力和才华，将会越加发挥，这是笔者可以想象得到的。

戴天写的《怎忘得、从前杯酒》，说到一些我相识的朋友，读时不禁掩卷遐想！追慕长者，实心怀不已也。戴天虽游于酒人乎？然其为人，沉深好书，情义绵绵，能吃八方酒，会中外客者，能无情乎？能无情乎？

《明月》对我个人最感不足的，是欠缺一篇独特有力的人物专访，把我们熟悉的当今人物带进《明月》中，叫我们如见其人！

（香港《经济日报》，1992 年 3 月 3 日）

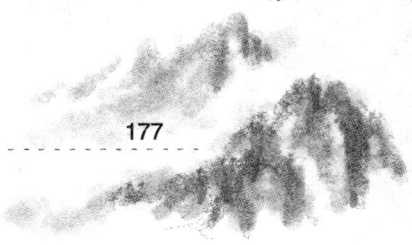

生命·学问

□卜少夫

潘耀明从四月起告别《明报月刊》了，他在《明报月刊》工作四年，正如他的名字，光"耀"了"明"报月刊，"明"报月刊因他而更"耀"眼。他在三月号《明报月刊》"编者的话"中，作了与读者作者的告别交代，为什么离开？虽没有清晰的道出，字里行间，由于换了新老板，作风与前一个老板不一样，使他不能安于其位。

这篇告别的"编者的话"，使我们特别注意到有两点：

第一，潘耀明引用傅聪在台北接受记者访问时说的一句话："生命立放入学问才有意义"作为他这篇文章的题目，这就有两种表示了：第一，表示如继续做下去，自己的生命中就没有学问了，也就没有意思了。第二，表示新老板并没有把学问放入这项工作中，也许他根本没有学问。

第二，他特别举出《纽约时报》成功之例，早年《纽约时报》主持人奥克斯 （ADOLPH S. OCHS）的管理原则是："用人不疑，疑人不用。如果他信任某人，就不要成天盯着某人。" "他尊重手下的人，也确实很少辜负过他的付托。奥克斯时报里没有投机者可以利用的旋转门。"他轻描淡写说出新老板要求每期出版前要看要目，隐隐表示已对他的不信任。

君子绝交，不出恶声，潘耀明离开《明报月刊》，也毫无怨愤之情，保持了一个读书人的风格。《明报月刊》从 1966 年 1 月创刊，至今已有二十九年历史，从查良镛、胡菊人、董桥、张健波，到潘耀明，都能保持一定的风格、水平，潘耀明并不比前贤逊色。他离开，使我们会关心《明报月刊》的未来。我们无意介入人事变迁的纠纷，何况《明报》已与查良镛毫无关系，《明报》已变成一个纯商业性的机构，是股票市场一个筹码，这个企业属下的各单位，与当年查良镛掌管时面貌大有不同。潘耀明一介书生，还有谈生命、学问、意义，也只有我们读书人能听得入耳了。

（香港《星岛日报》，1995 年 3 月 19 日）

四海之内皆兄弟

□刘再复

知道潘耀明兄又要重新主持《明报月刊》，感到由衷高兴，并由此想到孔夫子"四海之内皆兄弟"的话。

大约是1986年，潘耀明北上京城。在三联书店诸友的欢迎晚宴上，我第一次见到他。在我们俩人的座位中间夹着戴晴，所以总是探着头说话。宴罢，顽皮的戴晴说，今晚受到两个福建佬的夹击，真痛苦！那天之后十几年来，无论走到哪里，他都关心着我。而我则发觉，这位从我故乡走出来的、笔名叫"彦火"的刚毅木讷者，有一种特别宽厚的情怀，对于他来说，真的是"四海之内皆兄弟"。他和他主编的《明报月刊》，真挚地把我和戴晴视为兄弟姐妹，刊物上的许多文字都可作证。在潘耀明的字典里，没有"敌人"二字，也没有什么"异类"这种荒谬的杀人的概念。在他眼里，四海之内都是朋友，都是兄弟，只要是人，都天然地拥有自由表达的权利。

潘耀明是个幸运儿。他没有什么口才，甚至有点口吃，但是他天生有一种包容百家的博爱气质。这种气质反映在他的散文里，便是笔调温柔敦厚，行文如清澄流水，叙事叙人均充满敬意与爱意，即使对那位至今还在被视为"帝国主义分子"的赛珍珠，他也给予真诚的敬意。他发现赛珍珠是首创"地球村"的人，而且主张地球村内各民族应"超越政府之间的不和谐而团结为一体"，对中国无敌意，在潘耀明的眼里，赛珍珠也是个相信"四海之内皆兄弟"的作家，很厚道。

耀明兄重返《明月》，聘请一批学术顾问。在给我的聘书中，写着其它顾问的名字有查良镛、李远哲、余英时、杨振宁、马悦然、李泽厚、李欧梵、夏志清、王德威、张灏、刘绍铭、郑树森、饶宗颐、董桥、金耀基、聂华苓、葛浩文、杜维明等。一看到这名单，我就意识到，这是真正的"潘耀明名单"：不管政治倾向如何不同，有文化实绩就是我尊重的兄弟。而这么多严肃的思想者乐意当他的"顾问"，也全因为他们知道邀请者是谦卑诚挚的，而且有可信赖的情怀。

我一再说，中国百年来文化界最缺少的不是文化知识，而是蔡元培似的文化情怀。因为稀少，也就显得特别宝贵。如果耀明兄用蔡元培的名字激励自己，那他将会体验到，尽管兄弟遍布天下，但日子并不会太轻松。

（香港《明报》，1998 年 2 月 1 日）

《明月》中兴

□李辗玲

自从潘耀明重掌《明报月刊》主编职位后，《明月》看来有了一番新气象，封面设计是新的，内容编排是新的。例如《十方谈》这一栏，从前是一辑形式的把所有十方谈文章编在一起，今天则打散的，几篇长文之后才安插一篇，是主菜甜品式的间隔。跟从前那种不问情由塞你一堆甜品的做法不一样。

打从中学开始我已经有看《明报月刊》的习惯。那时候主编胡菊人是我们青年人的导师，许多青年人组织如文坛一类都爱请他来作专题演讲，勉励年轻一辈自爱自重。我们为了捧他场，于是就定时按候在书报摊买本《明报月刊》。

记忆中那年代的《明月》真好看，有小说有散文有杂文有新诗有大块文章，也有游记什么的，主菜甜品一

第二辑 印象

样多。

胡菊人之后我有好几年没有再买《明月》，原因是内容不合胃口，长篇大论的文章太多，严肃得篇篇都像是作者的论文功课。单是看见题目已经给吓得退避三舍，莫讲细读内容。所以有一阵十分怀念胡菊人主政时代的《明报月刊》，也许印象根蒂深固，也许胡菊人与《明报月刊》这个组合太深入人心，因此有胡菊人的日子，《明月》似乎也淡然乏味许多。

今番由潘耀明掌印，由于他比较年轻，脑筋比较灵活，加上主意多多。今日偶然翻开三月号的《明月》，自美工至编排至内容，明显地有了中兴的架势，就是广告页也增加了不少。

只是不晓得金庸与池田大作的对谈什么时候才有个完结。

（香港《信报》，1998 年 3 月 17 日）

何物爱情

□ 张文达

1975 年，"四人帮"气焰尚张时，我以为早被枪毙了的陆铿大声兄忽自昆明偕杨惜珍大姐到了上海，相见如在梦中。其时我们的老友陈丙一兄已在"文革"中去世。回顾 40 年代下半期我们同在南京从事采访生涯的往事，泫然涕下。陆铿兄的性格和我不同，他是永远向前看的，这是他至今仍生龙活虎般活着的原因。

那年我们重逢于患难之中，我作了三首绝句。两首题为《呈大声兼怀丙一》：

卅年前事忆江南，风骨凛然意兴酣。
今日逢君一尊酒，那堪回首话沧桑。

湖海纵横忆往年，故人今已隔重泉。
忽闻喜讯君犹健，伏虎降龙妙手传。

另一首题为《喜见大声惜珍伉俪》：

　　　　毕竟乾坤妙手移，一枝安稳寄双栖。

　　　　使君有妇殊贤甚，湖海宾朋俱称奇。

　　日前整理书臬抽屉，二页纸上录有马一浮文和沈尹默文的诗词和我的这三首诗，殊多感慨，搬出来发表也由于动了一点感情，非有责于故人也。

　　山河都会变色，又何况于感情！

　　行文至此。南粤出版社潘耀明兄托他的同事送来一册《爱的珍藏》，是该社推出的"城市礼品"系列的第一本。由于外国有多家出版社出版了不少礼品书——出版物通过礼品形式的包装，作送礼之用，蔚然成风，南粤出版社在本港首先推出此类礼品书。这本《爱的珍藏》包括三部分：一是"诗画"，一句有关爱情的格言及一幅艺术性名画的左右两面配衬形式出现，共有二十四个组合；二是"情为何物"，二十六位海内外人士从个人经验和体悟出发，倾吐出对爱情观念的见解和感觉；三是"情爱论"，将保加利亚哲学家瓦西列夫的爱情经典著作《情爱论》精华浓缩，分成十三小节，可让读者体会、品味，对自己的感情世界悟出新的意境。

　　二十六位人士对爱情看法不尽相同，冰心写道："人间的追悼会就是天上的婚筵。"（爱情不光存在于人间，也存在于天上，它是超时空，所以也是永恒的。）张洁写道："爱情不过是只能站在远处看的东西。"

（香港《信报》，1991 年 1 月 21 日）

潘耀明致力图书发展新路向

□王 勘

潘耀明笔名彦火，是福建人，出身菲律宾华侨家庭，生于中国内地，十岁到香港，曾任记者与编辑，后赴美修读出版管理和杂志学，1991 年起担任《明报月刊》总编辑，以西方出版管理和编辑理念，将《明报月刊》办得相当出色，有"《明报》最后一个书生"之称，近辞去《明报月刊》职务，应金庸之邀，五月份起在金庸属下的明河社出版公司担任董事总经理兼总编辑。潘耀明表示，在新职务内，将致力于高水平的文化、实用和专业书籍的出版。

（台湾《联合报》，1995 年 5 月 1 日）

感受尊重

□秋　石

人，是应当受到尊重的，尤其是在当今历史转轨，社会转型，人们的思想、观念不断产生裂变的时期。

屈指算来，自 1988 年 7 月 13 日在《北京日报》发表首篇研究萧军萧红的文章以来，我在文学的道路上一步一个脚印，走过了十五年的历程，也取得了一些成果，但其间的酸甜苦辣同样回味无穷。

对于投稿者来说，无论是一名普通作者，还是一名学者、作家，无不渴望得到出版者、编辑者的重视，应当说，这是一件十分顺理成章的事情。但在当今时期，由于不食皇粮，由于较为昂贵的邮寄成本，由于快节奏和人手的严重不足，这种"渴望"变得越来越不可捉摸而渺茫。然而，前段时期发生的几件事情，在我的头脑里留下了甚为深刻的印象。

这里，独说一件发生在我身上而且是一桩失败了的

"买卖"。

去年六月，经人指点，我将拙著《两个倔强的灵魂》及修订本的一应相关资料，托人带到了香港一家颇有名气的老牌出版社。我之所以选择香港而不是选择台湾，是因为拙著中的主人公于上个世纪四十年代初在香港生活过，不仅生活过，而且还在香港留下了一段千古不朽的凄婉故事，至今，她的一部分骨灰仍留在香港的大地上。故而，对于拙著在香港的再版，自以为有那么几分把握。但，就在拙著及相关数据带出去不日，我见到了我国出版管理机构的一份通报，述说香港出版业近年来纯文学出版物甚是举步维艰，销售竟不足一成。读到这则消息，我心中顿时重重地往下一沉：作为学术性史料见证较强的纯文学专著，此去定是石沉大海，自然也就不指望有什么"回音"之类的函复了。然而，出乎我意料的是，一个月后，我突然收到了发自香港的一封挂号信。信，系由该社总编辑潘耀明先生亲笔所书。信中云，因香港书市十分不景气，纯文学书籍处于低谷，特致歉云云。潘耀明先生是名家，又是名牌出版社的总编辑，竟然亲笔函复于一个素无谋面的大陆作家，实令人感动不已。人，被他人，尤其是被名家尊重着，这实在是一种不菲的福气，尽管这不过是一则退稿的函复。

信，掭在手中良久，反复读了好几遍，人的周身也随着激动了一遍又一遍，但就愣是没有想过是否要回一封信给潘耀明先生以致谢，这就是我对潘耀明先生所施尊重之不尊重了。时至今日，在过去了整一年之后，我向潘耀明先生深深地道上一个歉。

收到潘耀明先生的信的第二天，我即赴京出席一个会议了。诚然，激动归激动，内心却以为：对于拙著的处理，香港方面也就到此为止了。

再次令我大出意料的是，又过去了一个来月，一封发自香港标价为54.90元港币邮资的挂号邮件，交到了我的手中。待到拆开一看，方知是先前送去的相关资料（可见该出版社善待作者之一斑），内附编辑部一函。原来，总编辑潘耀明先生虽然亲自提笔给我写了信，但又恐自己偏于主观判断导致对作者不必要的失误，于信发出后又专请编辑部会同市场推广部就拙著在香港出版发行前景作了一番较为深入细致的市场调研，遂："发觉图书出版市场较差，文学书籍销路十分狭窄"，于是，"文稿只好割爱"、"谢谢先生对出版社的支持……"

读编辑部的覆函，我又一次深深地感受到了被人尊重的那份特有的浓烈的舒畅。

行笔至此，我在想，出版社也好，报纸刊物也好，若都能像香港这家出版社那样，对作者负责，为广大读者服务，那么，我们的新闻、文学和出版事业，将越来越呈良性发展态势。

（《黑龙江日报》，2003年8月15日）

风　貌

□何　为

　　80年代第一个夏季，几位福建籍的香港作家应邀到福州，参加全省文代会。盛夏某日，彦火到我的黄巷寒舍茶聚。后来又约我去其住处。他作了提问的准备，我则是随口应答，随着历史新时期到来，思想似乎解放了许多。这两次谈话，连同会议间歇时的闲聊，后来由彦火整理成文字，收入他的专著《当代中国作家风貌》一书中。

　　《风貌》正编续编两大册，分别于1980年和1982年间，在香港昭明出版社出版。其后，由台湾远景出版事业公司合成一集出版，是修订本。书名改为《当代大陆作家风貌》。几位作家作了增补修订，原先的黑白照片，很多改为彩照。两种版本的装帧编排各有千秋，都很大方，彦火先后托人带给我。

　　我深为著者的严谨治学和勤奋著述的精神所感动。他不远千里上门访谈，或是书面提问通信，或两者相互补充印证。各篇有第一手资料，独到的见解，记叙手法力求多样，是很难得的一部评述介绍作家的书。

书中收入四十余位作家的访谈记，个别附有作品一览和年表简编。以《文坛之星巴金》为首篇，很多是中国新文学开创者和先行者，如茅盾、叶圣陶、冰心、俞平伯、夏衍、沈从文、钱锺书、萧乾、艾青、曹禺和柯灵等等。书中也收入当时为中青年的若干作家诗人的论述，体现著者兼收并蓄的意图。

一别十年。1990年岁暮，我旅居香港。彦火在某俱乐部召宴，随带名酒一瓶。可能是主人有意安排，饭局上董桥在座。是日，恰好我在儿子的书架上，看到董桥散文集《跟中国的梦赛跑》。书名有点怪，随手翻阅，顿时被吸引。当然也读了那篇著名的《中年是午后茶》。董桥散文风格独特，既有文雅的书卷气，也不避赤裸裸的俚俗用语，有闲话的英国essay味，更有"对精致文化传统的留恋"。初识董桥，说的话不多，皆已淡忘。只记得董桥说起，他五十岁了。这几年许多读者捧着董桥这杯"茶"，喝意境，喝风雅，喝时尚，而且，喝得那么久。这一文化现象殊堪玩味，恐非作者始料所及。

五年后，1997年岁初，又在香港与彦火聚首。多次通电话，两次宴叙。腊月的一个夜晚，在香港作家联会的迎新年宴席上，彦火回忆多年前在福州黄巷我的旧居情景。他谈起《当代大陆作家风貌》译成朝鲜文出版，且有人正在迻译英文。他说要送一本朝鲜文《风貌》给我留念。

近日翻阅旧书，忽然飘落一纸短笺，是 1983 年 6 月间新加坡女作家尤今写给彦火的信。我恍然记起，彦火特地去函托购一册新加坡华文课本，因为书中收入我的一篇旧文。彦火是忙人，做事却认真细心，为便于说明，索性将尤今原信一并寄给我。

我有个缺点，凡有关我的文章评论，通常是匆匆一瞥，很少细细研读。最近重阅《风貌》两种版本，才发现评述我的论著中，除却溢美之辞，有些细节尚须修订，以免误传，希望作者给我校正的机会。温文尔雅潘耀明，笔名彦火，大家风范的出版家，文笔练达的散文家，他的《当代大陆作家风貌》，其实也是他的风貌。

（上海《新民晚报》，1997 年 8 月 2 日）

潘耀明兄的探讨

□张文达

潘耀明兄宴北京来的文学家白舒荣小姐，属命作陪，欣然赴席。同座有陈娟老师（张诗剑兄的夫人，文学家兼命相家，举座皆尊之为老师）。既为老师，自应有指点迷津之责。

乃叩问：我可以活到多少岁？

答：长命。至于活到多久，则天机不可泄露。

我问可以活到多久，并非要做"老而不死"，而是想到萧三爷（同兹先生）的名言："活要活得好，死要死得快。"如果陈老师能告知时日，则我可预为准备，省得临时阎罗王命勾魂使者来捉，措手不及。

再叩问：桃花运是好，是坏？

答：你走的是桃花运，不是桃花劫。运是好，劫不好。

真是要言不繁，使我顿受教益。

席散,耀明送我返家,在车上给我一册他的大著——《当代大陆作家风貌》的台湾版。远景出版公司出版。沈登恩兄与文化界结缘甚深,他本人也是一位了不起的文化人。这本厚厚的书就是结缘之一。

耀明这本《当代大陆作家风貌》描述了四十二位作家。这并不是一般的描述。他在《后记》中写道:"自1979年中共文艺政策解冻以来,中国大陆文坛新秀辈出,老一辈作家也重新运起如椽之笔。尽管在这些新老作家面前横着的道路远非一平如砥,但他们步伐雄健,创作勤快,成就是十分可喜的。"

耀明指出,中国文学艺术的前途在年轻一代的身上,因为这一代中许多人经历了狂热的崇拜,冷却后的痛苦、沉思和探索,有丰富的生活积累,所以他们不愿意闭着眼睛说瞎话,"那纸上落下的总是苦咸的泪多于香甜的蜜",他们不能忘记昨天的苦难,难掩深沉的叹息,因此不满足于停留在社会层面上的刻画,而把笔触深入社会底部去寻根探源。为了表达他们曲折、复杂的内心历程,他们对创作技巧也进行新的尝试,并有所突破。

对作家的内心和艺术进行探讨是这本书的主题,耀明以他深厚的功力对这一主题的发挥自是游刃有余。

(香港《信报》,1998年4月30日)

彦火不经意的浪漫

□李辊玲

念书的时候，因为要写一篇有关近代中国作家作品的功课，就蹲在图书馆去东翻西倒找资料，竟意外地找到彦火的《海外华人作家掠影》，内里有彦火在爱荷华作家工作研究室做研究生时访问过的海外华人作家，都是一颗颗明星，既是名作家又是名教授。我捧读一回，觉得如果自己拥有一本就最理想不过。于是跑到书店买了一册。

中国人说，"书跟老婆不借"，可见书就跟老婆或老公一样，是最宝贝私产，不外借。

《海外华人作家掠影》里作家有於梨华、聂华苓、郑愁予、许达然、陈若曦和张错。

毕业了这许多年，还保留了这本书，久不久翻阅一下，还是兴味盎然。

年前在朋友介绍下认识了彦火，当然是开心也来不及。月前彦火送我他一册新作：《彦火散文选》，晚晚在灯下捧读，才发现这个温文尔雅的书生彦火，原来是个十分感性的人，看他怀念保罗·安格尔，"您赤着上身……在落日的剪影中，凝结成一组力与健的雕像——想想雕像的人物，是一个乇逾古稀的人，我每每都会动起感情来。"

彦火的散文，有诗的节奏与结构："缆车站人很少，因为雨，听说还有一号风球。"

谈彦火的文章，不能粗读，要细看。那种不经意的抒情与浪漫，那种精炼笔锋，在四十岁上下的作家中，极不多见。

（香港《信报》，1998 年 4 月 21 日）

长流不息

□谢雨凝

彦火新书《生命，不尽的长流》一到手，我立刻翻阅《沈从文与丁玲的恩怨》一篇。

很欣赏沈从文的为人。难得的是个性始终如一；低调，保持学者之风。

文中提到沈老不愿收入文集的两本书——《记丁玲》和《记丁玲续集》，记得于 70 年代中期，我曾在市政局图书馆发现，立刻借回家看。自那时起，便十分敬重沈从文。

没料到就是因为这两本书，惹恼了丁玲，从此影响了二人的友情。

彦火因为编《沈从文文集》的关系，曾经访问沈从文，沈说那两本书是记事文学，没有把丁玲特别"拔高"……。

沈从文的文风一向如此，竟因此而惹恼了丁玲，听说真叫人唏嘘。

为什么要把人"拔高"呢？是丁玲变了，还是这个社会变了呢？我不想追究。然而好肯定一点的是沈从文始终不变。他不同意把这两本小书的内容加入他的文集，大概也是他一贯友善待人，中和处事的个性吧！两本平实记事的小书，被摒诸文集之外，真是可惜。

解放初期，丁玲成了大红人，沈从文则受冷遇，一点不奇怪。丁玲是一位火辣辣的女性，有她敢做敢言的一面，故曾经是红人，也曾被打成右派呢！

（香港《文汇报》，1993 年 3 月 8 日）

生命长流

□逸 之

彦火先生的新书，书名叫《生命，不尽的长流》，这书名取得与市面上的书名有点不同，原来是有来历的。彦火先生离开中资机构，接受新工作的挑战，结束某种旧状态，进入另一种新状态，生命也就是这样，如涓涓长流，不断往前，取这书名，还是有感慨的。

这本书所收文章，大多是关于文化和文化人的，其中更有不少篇章，写了老一辈知名作家的坎坷遭遇，对他们所受的委屈抒发不平。

文学的事业也像一条长流，一代，每一代都在前辈们开创的路上再往前走，所以这个书名又隐喻了《文学，不尽的长流》的意思在内。

彦火先生近年与海外华人作家联系频密，眼界开阔，他所关注的问题也更为广泛，从本书所收的篇章看来，他对中国历史与文化问题、对诺贝尔文学奖、甚至对苏联解禁的作家，都一直密切注意，搜集资料，加以观察和分析，这些篇章，对于较少接触这些问题的读者，都有启发。

这虽是严肃的书，但内容却不枯躁，机锋处处，也有可读性。如关于世界末日前应做什么的问题，如果问问自己，也颇有趣。

世界末日前我要做什么呢？有女学生说要到男生宿舍抓个人做爱，女作家丛苏说要看书，我呢？

我想跑到罗浮宫（真不幸，到现在还没去过），将那些不朽名作都看一次，然后躺在地上，等天塌下来。

（香港《星岛日报》，1993 年 3 月 12 日）

弥足珍贵

□ 舒 非

在本港文坛上，不乏真心爱才，喜与作家艺术家交往的人，彦火便是其一。

所以在他的《生命，不尽的长流》之中，我们可以见到一些当代最优秀作家学者的名字，比如沈从文、丁玲、钱锺书、俞平伯、陈若曦、於梨华等等。在中西交汇点上，彦火接待了数量不少的作家朋友，凭着自己的感觉，还加上勤奋阅读，将读书、接触的心得，一鳞半爪地记下，是真实的，也是诚挚的。

比如在写《沈从文与丁玲的恩怨》之中，他谈到沈、丁如何从情如兄妹的关系到后来的完全破裂。其中有政治的压力，也有误会和不能解开的情意结。彦火亲自求证于沈老和丁玲。"沈老对我说，丁玲对他的不满，是因为《记丁玲》和《记丁玲续集》"，丁玲方面，虽然

"仍有余恼"，却也"留有余地"，"还是念着旧情谊"的。这两位中国现代文学史上的大作家都已作古，所以收在彦火集子里的这些第一手资料也就弥足珍贵了。

（香港《东方日报》，1993 年 3 月 22 日）

潘耀明情凝于书

□金 虹

　　彦火，也就是潘耀明，把他的新书定名为《生命，不尽的长流》。

　　他在自序中写道："生命是有尽的，但与这个时代一同煎熬的文化人和文艺家，他们的文章道德，却是永存的，将成为人类瑰宝一代代流传下去。所以，对这一位可敬重的人，生命，是一条不尽的长流绵绵不绝地给后人予启发、省思。"读了这段序，也就明了这个富诗意的书名的缘由。

　　潘耀明是爱书之人，《书呆子杂趣》一文把他自己对书的爱、痴、迷写得入木三分，我想凡是爱书之人，读此文，皆有"吾道不孤"之感。

　　潘耀明不仅是爱书之人，他还是爱写书人之人。他敬重写书人，敬爱写书人，《生命，不尽的长流》很大的篇幅都是写写书的人。在潘耀明的笔下，我们读到一个个在中国的文化史上，在世界的文化史上闪耀着星光的名字，他的笔端凝聚着感情，流泻在他写的人物身上，他为他们的文章道德感叹，为他们离世而悲哀，为他们的误会纠纷而遗憾。他与他们心灵在感应着，和鸣着。

在那一篇篇文化人的速写，文坛浮沉和读书体会中，潘耀明也写下了他对文化、人生的省思。他的书也将是生命长流中的一滴水，绵绵不绝地给后人予启发、省思。

记得有次见到潘耀明，我问他某个专栏是不是他写的，因为他用了个新笔名。他反诘我何以判断是他写的，我答凭直觉，我的直觉。就是他对书、对写书人那股痴恋的感情。

（香港《星岛日报》，1993 年 4 月 6 日）

难得以书为乐

□ 罗　隼

翻阅潘耀明（彦火）兄惠赠新书——《生命，不尽的长流》，第一篇的大文讲的是书呆书与书的事，他离开工作十多年的地方，要搬走的是历年积下的书，他那种想多丢一些书，又舍不得拿回来的心情，在我是可以理解的。我曾搬家六次，每一次都抛了不少图书和杂志，若每次由自己动手必然也是这不能丢，那也不能丢，但内人及孩子们，有时趁我不觉就尽量多丢些，及至要找书时才发觉书已进入旧书摊或焚化炉化为灰烬了。

每次搬家书减少了一些，但不久又是泛滥成灾，所谓成灾倒不是自己见解，而是嫌它阻手阻脚的家人，因家中时时"书似青山常乱迭"，他们又不好意思代你放上书架。广东篆刻家何秀峯刻有一闲章："架上无整齐书"，是读书人家常见的通病。

丢不用之书，要下决心倒不易，丢时常记着"书到用时方恨少"。指的是读进去的书，但未读的而手头有书，随时可以披阅，那多方便呢，不久前吴其敏先生搬家，我知道他丢了许多书，黄芳搬地址也抛弃不少书，罗孚南返，他在文章中说，除了邮票，装箱寄返者外，也有许多不能拿，由喜欢书者拿去，我问他目前家中是否放得下南下的书，他说邮寄来的还可以，装箱的来后就爆棚了。

在香港要藏书最大的难题是地方，所以要坐拥书城真不容易，而即使有了书城，还要如俄国诗人杜勃罗留波夫所说：

"在一天之中把这个图书馆里的书都读光啊！我是多么希望有巨大的记忆力，要使一切所读过的东西，终生都不遗忘。"

彦火说愿"一生与书为伴，以书为乐！"在香港可能是一种奢侈哩！

（香港《华侨日报》，1993 年 4 月 11 日）

专 论

说潘耀明(彦火)

那一程山水

他对内地作家充满人情味

□ 铁 凝

讲座开始前，潘耀明跟我说，可以轻松地说说。我想借此机会，告诉大家，非常高兴得到香港贸易发展局共同的邀请来到香港，感谢香港作联、明报出版社、艺术发展局主办的香港国际书展，以我个人来说，有以书会友这么一个机会，由于参加了书展，在香港见到了很多以华文写作的文友，包括在座的好几位新加坡作家，大家共同交流华文写作的心得，还有两岸三地的各位作家，我还在香港碰到内地张悦然、春树两位年青的女作家朋友，这样在香港相遇，我觉得是一件非常美好的事情。书展已举办了十八年，我今年才来，无法把以前的情况和今次的盛况对比，但这次的盛况，使我感受特别深刻是看到香港市民阅读的热情，看到媒体的报导，书展入场人数比去年增长百分之六十，开幕当天就达到五万人次。

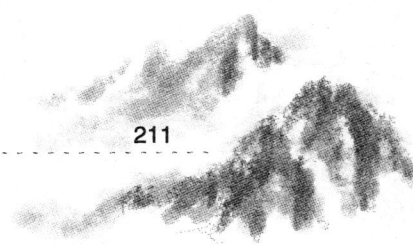

第三辑 专论

211

今次是第四次来香港。第一次是 1987 年夏天，和几位老前辈来到香港认识了潘耀明等香港朋友。第二次是 1995 年夏天，访问台湾后路过香港，再次见到潘耀明，总之，每次都会见到潘耀明。他对内地作家非常厚道、充满人情味那种热情，在内地文坛中是有口皆碑的。我个人感受也非常深，1987 年时，我还年青，也没有所谓作家协会主席这样的位子，当时，潘耀明就非常热情，可见，他不是为了某一个作家的某一个名衔，而是对内地作家很自然的情感。然后到了 1998 年春天，香港作家联会成立十周年时，和几位作家受到邀请，专门前来参加庆祝活动。今次来到香港的情感，又有更多的，除了前面所说书雨新知重逢认识、刚才所说的几个惊奇外，还随时感受到香港回归十周年的喜悦气氛，感受到香港经济的繁荣、资讯的丰富和文化的活跃，在这次的书展感受尤为深刻。这种充满活力的状态，也使我想起了前几天在北京，参加了萧军先生诞辰百周年的研讨会。在会上，有一位发言者，他讲别的话我记得很清楚，但他形容萧军先生的话，那种新鲜的形容，我就记住了。他说："我第一次见到萧军先生，他给我们年轻作家讲课，他是我梦寐以求的作家，我用四个字来形容萧军先生，就是：'神气活现'。"毫无疑问，这位发言者对萧军先生这个形容是惊奇的赞叹。来到了香港，我也特别想起：神气活现。在内地有些场合，"神气活现"是形容一个人太过自信，那是一个贬词；但在这里，这也是一个赞叹词！

（此文是中国作家协会铁凝主席在香港书展"华文文学大检视"讲座上的讲话。原载《香港作家》，2007年8月）

万水千山总是情

——读彦火的作品

□黄丽萍

在过去几年来，香港散文作家彦火写了很多篇充满感情的"当代中国作家风貌"，其中给我印象最深刻的是《冰心的岁月》。

在开头的第二段，彦火写道："冰心于 1980 年 6 月患上脑血栓，不慎摔折右胯骨住进北京医院。这个坏消息，首先是在福州听到，当时笔者正应邀参加福建文代会，冰心是福建长乐人，她人没有来，却捎来了令人感伤的消息。当时还听说冰心一直处于昏迷状态，过去曾经作为一个她的'小读者'的我，是直捏着一把冷汗的。"

冰心当年的许多"小读者"都已经长大成人了，但是，大家对她的爱戴和关怀不减当年。大家都想知道她的近况。

看了彦火的特写，知道冰心在"反右"及"文革"

十年，没有受到大冲击，总算安心，特别是读了以下的
叙述：

>"冰心拄着拐杖走向我们，步履并不显得特别
>蹒跚，脸上漾泛着的微笑是透亮的，她纤小的体
>躯，仿佛仍激荡着纯真的力与美——像冰心这个
>名字的涵义那样澄澈。"

彦火的文字是感情的、优美的、扎实的、浑厚的，在
在展露他对中国古典诗词和新文学的深厚根基。

他形容冰心的谈吐举止，"使人联想到孩子的率真、
山的青郁、水的透澈，"而且还说："冰心所以年轻，是
因为她的爱是大海，一切的卑微、污秽和不安，都将为大
海的襟怀所净化。"作为彦火的读者，我觉得彦火本身的
文风，相当地受到冰心那种行云流水似的诗意和纯真的心
灵潜移默化。

他在《望海的女孩》一文里说：

>"当我临海而立，我没有拓落感，相反地感到
>我的襟怀如大海一样，可以容纳百川，放得多大
>就多大：直率、悠恬、晶亮，如那个望海的女孩，
>可以幻出许多绮丽的奇诡和天真的美梦来！"

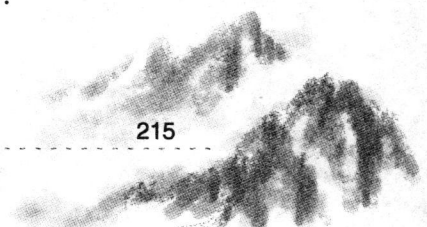

这不正是冰心一直保有的童真吗？

在《荡起的春意》一文中，他的童心表露无遗，他和爱人结伴上主教山，看到了鲜丽的大红花，便觑准了一朵鲜溜妍丽的，摘了一朵给爱人，她毫不犹豫地插在鬓发旁，他毫不犹豫地举起照相机……事后，不禁哑然失笑，觉得这些举措，似乎有点童稚，不经意中，又那么自然。

生长在一个高度商业化的社会，能够对大自然的一朵红花那么"惊艳"，又那么自然地将它献给自己的爱人，使人觉得彦火实在可爱。

从主教山返港之日，是他三十二岁诞辰，他的爱人抄录了一首小诗在生日咭上送给他，正是一直脍炙人口的冰心的诗句：

> 成功的花，
> 人们只惊慕她现时的明艳，
> 然而当初她的芽儿，
> 浸透了奋斗的泪泉，
> 洒遍了牺牲的血雨。

彦火将它压在书桌上的玻璃下。情意浓烈。

彦火是多情的，在他的笔触下，万水千山总是情。

也许是生长在北国的缘故，他对祖国山河的描述，比一般土生土长的香港作家来得畅所欲言。收集在《醉人的旅程》里的"湖山走笔",感情的流露异常奔放。

例如,他登泰山,受到泰山博大的精神感召,回来后,他对读者说:"我们自泰山回来!","我们没有后悔,因为其中包涵着自豪和信心,还有着那与云霞媲美,水月争灵的精神。"

他的"庐山组曲",更是美不胜收,正如一阕优美的山林交响曲,从雨、雾、山、水、路、树、花、茶、松、竹、石、园、湖、昏、夜、牯、麓等十七个时空侧面去写,富有新意。

我个人特别喜欢的是庐山的"雨"、"雾"、"山"、"路"、"松"和"昏",读着的时候,仿佛人真的到了庐山,刹那间迷失在云雾奇峰间,眼前溪瀑如叶脉,纵横交错,令人恍恍惚惚。

《醉人的旅程》美中不足的地方是辑录了太多篇以鲜花与友谊作为主题的文章,对菲律宾这个千岛之国的描述流于片面。

倒是收集在《枫桦集》里的"杜鹃礼赞"和"英雄啊,红棉",寥寥数行,英雄气概展露无遗,这跟彦火平日纤织细腻的游记是迥然不同的。

他说"其实杜鹃花予人的是热情、青春、蓬勃生机的感觉,没有带任何的伤感成份,就算有也是诗人自己!"他寄情杜鹃花,继续写道:"在过去漫长的年代里,有多少勇士壮志未酬,饮恨而亡;有多少英雄的鲜血化作杜鹃，红遍群山！当我们看到眼前比火还红的杜鹃花，千万不要忘记千百年来的历史教训，千万不要忘记烈士们洒向大地的鲜血！"

　　猜想，彦火是抱着沉痛的心情展读近代中国文学史，在读了不少纪念在"四人帮"时期被迫害而致死的文艺工作者的文章，决定以笔作匕首揭露那个时代的黑暗，歌颂在北方那群受到磨难，却没有倒下的坚强的作家。

　　这些具有文学价值的访问记收录在他的《当代中国作家风貌》(正编和续编)。收集的文章有《文坛之星巴金》、《笔耕逾半个世纪的叶圣陶》、《家学渊源的俞平伯》、《端木蕻良访问记》、《文坛长跑者姚雪垠》、《数不尽风浪险的丁玲》、《关于诗人艾青之谜》、《进行第三类接触的人——萧乾、毕朔望赴爱荷华过港侧记》、《冰心的岁月》、《沈从文与文史研究》、《钱锺书的小说创作和文学评论》、《著名剧作家曹禺创作谈》、《三十年一觉银坛梦的柯灵》和《胸藏万汇凭吞吐——茅盾的晚年和创作》等五十多篇惊心动魄的力作。当然，这不单单是因为彦火的笔力够，主要是全书记载了一个令人难以想象的大灾难，劫后余生的人物各有各的沧桑，令人读来，荡气回肠。

　　这是一个比惨痛更惨痛的教训，对一个国家造成了几十年的倒退，需要世世代代警惕。柯灵的《长相思》、聂华苓的《爱荷华札记——三十年后》、巴金的《随想录》

和彦火的这两本图文并茂的书，在几十年后，将是最好的历史见证人。

《当代中国作家风貌》其实有三个特点：

（一）揭露"文革"的黑暗面；

（二）展示曾受迫害的五四作家的新风貌；

（三）记录作家们的创作经验谈。

除此之外，彦火本身也针对自己兴趣的一些"疑案"致信向健在的作家求证。例如由于端木蕻良与萧红的结合，一直受到不少非议，自萧红逝世后迄今的许多文章，包括骆宾基的《萧红小传》，对端木蕻良都流露出程度不同的不满，彦火便以这一问题请端木蕻良谈谈与萧红相处的经过。后来，他也以书信形式访问骆宾基，请他谈谈与萧红的过往。虽然说感情的东西有时很难说得清楚，不过，在海内外掀起一股"萧红热"的时候，这些数据能够帮助读者辨别和判断是非曲直。因为可怜的萧红已经死了四十多年，如果健在的有心人不出来替她讲句公道话，对她是很不公平的。

有位作家说，假如你要干作家这行，"那我们就至少应该像司法工作检察工作一样，要有一个以身殉职的精神。"相信这也是彦火从事文艺创作的精神支柱！

（马来西亚《星洲日报》，1983 年 1 月 11 日）

走向世界的美文

——彦火散文初探

□潘亚暾

香港是个举世闻名的自由港，节奏快，信息灵，观念新，瞬息万变，千奇百怪，万紫千红结伴来，写不尽的题材，说不完的人物，玩不穷的花样，海阔天空任你驰骋，五洲四海任你遨游，古今中外任你评说。这种天时地利人和的优势，最适合散文家闯荡；是以作家多，作品富，品种繁，题材广，手法新，内容无所不有，品味各有所好。在多元化的激烈竞争下，各出奇招，各行其道，各显神通，各具擅长，各呈新貌。其共同特点，便是个性化、自由化、本港化、新潮化、微型化。在群星灿烂中，彦火一枝独秀，独步文坛，饮誉四海；其优势便是起步早，正当盛年，著作等身；他人、文、言、行一致，胆识才能兼备，心念中华，视野开阔，立足本土，眼观全球，既有崇高理想，又能脚踏实地，忠诚文学事业，不为铜臭所腐蚀，不被名利所迷惑，矻矻孜孜，奋搏不息，精益求精，攀登不止，堪称文苑劳动模范。

彦火，原名潘耀明，笔名艾火等，福建南安人。出身贫寒，从小挣扎在饥饿线。1957 年随母定居香港，1966 年毕业于汉华中学，因无钱升学，旋即入《正午报》先后任校对、记者、编辑，深得曹聚仁等前辈名家奖掖提携，70 年代中出任《海洋文艺》执行编辑，因佳作迭出，文名日噪，又蒙内地名家器重，经常出席三岸四海的文学研会，到 80 年代初，出任三联书店香港分店副总编辑，加入中国作协，被选为福建作协理事，1983 年赴美留学，获得出版文学硕士学位，现任《明报月刊》总编辑兼总经理，现为香港作家联会副会长、世华文协筹委会秘书长等。著有《中国名胜纪游》、《枫桦集》、《大地驰笔》、《枫杨和野草的歌》、《醉人的旅程》、《当代中国作家风貌》（正、续编）、《爱荷华心影》、《海外华人作家掠影》、《焦点文人》、《那一程山水》、《生命，不尽的长流》和《人生情》等，可谓硕果累累而风华正茂矣！

一枝独秀，独步文坛

凡是自学成才者，道路无不艰辛，彦火亦不例外。他移居香港时，伫在一幢古旧楼房里，全层楼共住七家二十多人，他与母亲住在一个没有窗只容一张床的中间房。他住上床，他的书桌就是一块架在床沿的木板，只能盘脚坐在床上读写，累了也不能站起来，站起来就要碰上天花板。天地如此狭小，逼使他去寻找属于自己的广阔天地——跑图书馆借书，在阅读中开拓自己的眼界，这就是他奔向文学的诱因，成为汉华中学豪志文社的主笔。彦火说，支持他前进的是福楼拜的一句话："从事文学创作的人，一定要有超人的意志。有了意志，才有办法克服困难。"彦火正是从不堪忍受的生活中和超负荷的工作中培养了超人的意志和拼搏的精神，从而战胜了主客观无数的艰难险阻，取得令人艳羡堪惊的成功。不知情者，还以为这位白面书生是含着金钥匙来到人世间呢，殊不知他的成功是历尽千辛万苦和千锤百炼的。正因此，彦火才成钢成金。

除著述外，彦火另一贡献是矢志弘扬中华文化，为中外文化交流构架了一座四通八达的立体交叉桥，力促世华文运，建树良多，例如他在80年代中主编出版了四套文丛（包括大陆、台湾、香港和海外），影响颇大，意义深远。这种自觉行动是出于对祖国对民族文学之挚爱。正如他在《桥》里所说的："桥梁的作用在沟通。相对有形之桥，也有无形之桥，那是沟通心灵，触动情感的文化艺术大侨。它于人类也是不可或缺的……，如果我们的社会，能够有一些筑桥的人，那么我们的生活就会多一份姿彩，多一道彩虹，我们的心灵的缺憾，就会有所弥补，有所充实。"彦火坐言起行，以文会友，以书会友，以情会友，天天为友铺路搭桥，引来八面文友会香江，不仅繁荣了香港文学也繁荣了世界华文文学，而他也迅速地走向世界，使华文文学弘扬全球，成了著名文化人、出版家和名主编。于是苦尽甜来，自 80 年代以来，彦火如日中天，一帆风顺，迎接他的不再是酸辛的泪水和满地的荆棘而是灿烂的阳光、美丽的鲜花和热烈的掌声。但他一如既往，谦虚好学、吃苦耐劳，分秒必争，倾全力读写，拼全力工作，尽全力联谊。凡到香港的海内外文化人都说："找彦火去!"这四个字可谓价值连城，无尚荣耀。世界走向彦火，彦火走向世界，这对他的散文创作如虎添翼。

选材别具一格，以小见大

彦火的散文，大致说来可以留美前后分为二个时期（即 1972 年—1982 年和 1983 年—1993 年），前期以专访、游记和抒情散文为主，后期以随笔、小品和杂文为主。

前期题材较为单一，但在选材上别具一格，以小见大，平淡中显神奇，是他常用的笔法。例如《雨伞》从普通的雨伞中发掘出诗情。只有到下雨时，人们才会想到并使用它；一旦雨过天晴，便又将它置之脑后。作者从中引伸出这样的意蕴："功成身退，但到了患难的关头，又挺身而出，焕发青春，在这个功利的社会，这是不可多得的美德。"《栽花的人》赞颂了一位身躯佝偻的清洁工"种树不乘凉，栽花不自赏"的高贵品格，肯定了不求索取，只求奉献的自我牺牲精神。

彦火从小是在中华传统文化熏陶下成长起来的。特别擅长写传统母题，乡愁亲情这类题材。例如《秋雨·秋思》将李商隐的诗《夜雨寄北》引进文中写乡情友谊，情浓笔畅，意境开阔，颇富诗意。这类题材往往以睿智的省思和忧患的情怀把乡愁亲情升华到爱国爱民族这一高度。

彦火的散文还从不同的角度和层次，展现了资本主义工业文明对城市扭曲和污浊的社会风气对人心的侵蚀，从中可以看到生活在香港这个钢筋水泥森林中的人，"要沾一下春天绿色的裙裾，绝不是一桩容易的事"。作者渴望"去拥抱蓝天中最深邃的智慧，在沐浴飞絮中最温柔之情……"面对喧嚣的工业文明潮汐，彦火产生了一种深深的忧患意识，对绿色的大自然，他充满了脉脉的温情。这类散文情感倾向文化认同，并反映了香港地区独特的文化性格和心态。

窃以为，在前期著作中，彦火最具有影响力的是他的专著《当代中国作家风貌》（正、续编，已出港、台版，南韩亦已翻译出版），可谓学者散文，在中国三岸是他第一个评介了中国当代四十二位著名作家，为中外文学交流架设了一座宏伟的文化桥，因而好评如潮。港台东南亚和美洲十多家报刊赞扬这部著作："翔实、可靠，纠正了不少讹误"，"对中国新文学的研究，颇具参考价值"，"该书文章优美，介绍作家时不采用流水账的罗列年代，他力避连篇累牍的空头议论，作品和时代揉合在一起，勾出彼此间的关系，进而提出自己的见解……"

彦火前期散文篇幅短小，由于精心剪裁，严加斟酌，大都有丰厚的涵量，形成了思想开阔，手法多变，收放自如，善于触类旁通的特点，语言亲切自然，凝炼含蓄。美中不足的是词藻过于华丽，有斧凿痕迹。

彦火近期的散文走向杂文化、政论化，以夹叙夹议的手法为主，要多关注民族文化和文人心态、命运，更多探讨人生、世态、人情，更多研究世局、人类的共同问题，眼界更加开阔，思路更加敏锐，文字更加简约，笔力更加犀利，总的发展趋势是日益圆融、老辣、成熟。也就是说作家更富使命感和责任心，忧患意识更为浓烈，也要带有民族沧桑感和苍凉感。这可能与他留学美国，颇受西方文化的影响，因而他的散文有更多的中西方文化的冲击、交汇和融合。主题的转移带来题材的多元化，在语言文字上洗尽前期的华丽，返朴归真，增强了理性和诗趣，结构更加复杂而手法多变，使其散文内涵深邃，也更耐阅读和咀嚼、回味。他挥洒自如，开阖驰骋，更能容纳前瞻性的思考，但也可能带来某些偏激乃至失误。总之近期散文更烛照出作者的文人品性和学者风范。

近期的变化是前期必然的延伸与发展。彦火对中国现当代新老几代作家以及海外华人作家，都有深切的了解，并先后出版过有关专著，如《当代中国作家风貌》和《海外华文作家掠影》等。他敬仰一些人，同情一些人，揄扬一些人，赏识一些人——他也在他们当中广受敬重和爱护。彦火在内地、在香港、在海外都有过丰富多彩的学习、生活和工作的经历，而且到过许多国家参加国际文学、出版会议，与天下文豪彦士切磋讨论，所以他的文章开朗有深度，视野开阔，有胆有识，处处显示真知灼见，而且精彩流溢，教人赞赏不绝。这大概是积学阅世和深得江山之助的结果吧。

一曲中华民族的正气歌

自 80 年代中期以来，他的散文"大都是记叙近年大家关注的文化人（其中绝大部分是海峡两岸作家）的生活和写作近况，夹叙夹议，不拘一格。"作者才情洋溢，文笔轻快洗练，每篇散文所含的信息量都是令人心满意足的。他的文风好，反映人品高。我们读彦火之文，真是如见其人了。在他的夹叙夹议中，"叙"：提供信息，"议"：提供观点——当然叙此略彼也是一种观点。彦火的观点能统帅材料并使材料为观点服务。彦火为读者建立了一个"文化人信息库"，提供了数以百计文化人在几十年关键性活动的信息，而这些老中青三代人物的活动又把海峡两岸、制度的两岸、生活的两岸、命运的两岸……联成一张耐人解读的当代社会关系图。虽说作者手中的"变焦镜"只摄取文化圈里的杂闻琐事的图景，但"文化"这怪物却是无孔不入的。所以读者可从其散文精粹的文字中看到群星灿烂的人生舞台，看到暂难理解的遥空黑洞，看到急待补救的高空臭氧层……，总之，"诗言志"、"文载道"，读者也可"以意迷志，忘其言而得其意"。彦火给读者的礼物是小而精，他的散文是中国当代问题焦点图，是从文化的基址向四面八方拍摄的政治风云图，是以少许文字传许多信息的诗一般的中华宝鉴。

读彦火散文不仅得到信息而且受到启发而深思。彦火所歌颂的都是正派人，这些人中不少因说真话而大吃苦头，吃了苦头而还坚持说真话，这是何等伟大的精神啊！因为"真话可以针砭时弊，对坏人起威胁作用，对好人起镇痛作用。"彦火散文风格可概括为"真诚"二字，他的散文都是真话，都是对当代事件的公正评论，它们出自深思，也启人深思。可说是一曲中华民族的正气歌。

彦火是关心世运，兼济众生的文人，他是坚定的泛爱论者，我言我文出我心的真诚作家，对外来的评议有沉着的反应，似乎尽心焉而已矣。他跳出一己天地和个人琐事而追索生命的长河。曹丕在文人多短命的时代慨叹天才文友"徐陈应刘，一时俱逝，痛可言耶！""年寿有时而尽，荣乐止乎其身"，曹丕承认人寿和荣华富贵都有必满的期限，"未若文章之无穷"，文章乃"经国之大业，不朽之盛事"，文人虽死却可赖其佳作而流芳后世，永垂不朽。这套观点不失为古今文人最站住脚的生命观。关于生命，彦火散文提供了不少解答性的提示。他通过泛谈夹议的散文，把文化人的身心活动以及文坛掌故、书籍赏鉴，一揽而收之，然后根据善恶区分之，爱憎厘定之，以表现一个总的主题：生命荣华都有尽，文章道德却永存。这大体上是推陈出新地发展了曹丕一代人的思想，而掠过近代西方启蒙主义，终结于现今世界和中国的文艺走向。对于那些在当代中国历史洪波巨流中吃尽苦头终不悔的文人们，彦火断言，对于这一群可敬重的人，生命是一条不尽的长流，绵绵不绝地给后人以启发和省思。彦火是中华文化之子，他懂外国文艺，但精通而关切的却始终都是中国文化，他的学问他的书，都十足是中国气质中国风格的。生命是不尽的长流，彦火纵说横议的正是这"长流"中特定的一段是非曲直，恩怨根由。

从整个社会的发展和延续来看，确如"大江东去，浪淘尽千古风流人物"。发展和延续即生命的重要表征，"生命的大流"似人体细胞的更新，个体不断地死，集体得以永生。从事业和文化来看，也莫不如此。彦火拿1990年为例，这一年，中国国宝级文化人相继逝世，生命的长流似是春潮带雨晚来急，仅下半年便冲走了侯榕生、钱穆、王桢和、钱歌川、俞平伯、台静农、冯友兰等等，损失惨重，然而后继有人。国宝虽死，国库长存，自有新国宝出现，而且老国宝人虽去而业绩长存。彦火揄扬公正而得体，行立温柔敦厚，志在还文化长流以澄清的真容。我认为他大有见地，提升了文化界（特别是文评界）的见识层次，似是敬政治而远之，实则间接批判了"极左"之流毒。另一方面，该树为楷模的也表扬了（如钱锺书等）。因此，可与作者共同领悟"生命"的真谛。我想国宝级的文人和一般文人，都可拿自己生命的火花，去汇合整个民族乃至全人类生命的巨焰，集萤火之明，发日月之光，此可谓永生，生命是长河，不舍昼夜，从古如斯，后世也会是一样的。彦火高明就在于处处从大我出发。

彦火的散文，巧用世界性题材，以文学形式包装政治

的内容，笔墨圆润，议论精辟。在彦火看来，生得有意义
和死得有价值与否，习惯上都视个性跟集体的利害一致与
否而定。社会的"生命"是个体生命的集结形态，生命真
谛在乎个体的存在（生）和结束（死）都要有益于集体。
彦火认定生命虽仅一次但要能正确利用它。"轻于鸿毛"
的生命悲剧，有时却实出于无奈，未必能归罪于个人或整
个民族的软弱！我想把无奈当有赖；赖者安也，鸿毛永不
燎，是该轻则轻让它轻吧。彦火有一组《被解禁的苏联作
家》的散文，很能发人深省，可资中国作家考察、检讨我
们的民族性和国民性的好教材，其欣赏价值倒是次要的。
至于《诺贝尔文学与文学的世界》这组散文，我则把它看
做世界文学的政论；还有许多世界性题材的散文，都很有
针对性和启迪性。他山之石，可以攻玉，看看世界文学品
类之盛，气宇之大，对于封建传统深厚的中国社会里的作
家而言，实在大有好处。

我期待彦火的新作也能长流似江河；并期待本书为华
文世界的广大读者所喜爱。

1993 年 8 月抄于暨南园

（《彦火散文选》，香港作家出版社）

简约蕴藉　凝练古雅

——浅谈彦火散文艺术

□巴　桐

从文学审美的角度观之，迄今为止，香港可以说是散文的沃土。

虽然香港的武侠、科幻、言情小说名闻遐迩，但我仍固执地以为香港的小说创作，尤其是深层揭示现实的小说佳作，寥若晨星。

散文的境况则迥然不同，可谓杂花生树，蝶飞莺舞，一派兴旺景象，而且经久不衰。

以量而论，单是散见于数十家报刊杂志的专栏文章，日产千篇，年计已汗充栋。以质而论，饶宗颐、曾敏之、黄永玉、张五常、董桥等之摛藻已登大雅之堂，跻身大家之列。而诸如陶杰、彦火、陶然、小思、李碧华、黄国彬、黄维梁、蔡澜等一干健笔亦足与海内外名家比肩媲

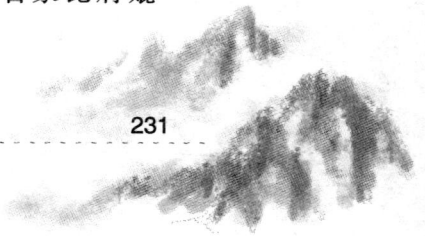

美，毫不逊色。

在此本人仅就彦火的散文，浅谈赏读后的一管之见。

一

读彦火散文，如读其人。

彦火何许人？文坛名宿卜少夫曾作这样的勾画：

"耀明兄温文尔雅，他担任明报月刊主编时，使我认识到他的学养，不胜敬佩，至于饮酒，他也是深藏不露的脚色。"

耀明者，彦火之本名也。喝酒如是，他的散文也是"深藏不露"的。

散文之道，贵藏忌露，贵简忌浅。

清人刘海峰论文章八贵，其中论及"文贵简"曰："凡文笔老则简，意真则简，辞切则简，理当则简，味淡则简，气蕴则简，品贵则简，神远而含藏不尽则简。故简为文章尽境。"

彦火的散文蕴藉而深沉，情真而辞切，文笔简约老到，凝练古雅。由于他的涵养，形成了他散文的个人风格。他笔端的情感，犹如岩浆奔突于地底，而不喷发出烈焰，如潜流涌动于洞穴，只闻哗哗水声，如琴如簧，如歌如诉，而不见冲波激浪，泛滥四溢。

他在一篇短文《偶感》中写道："如果我也有灵感的话，该是划火柴的当儿。这种灵感来得快，丢得也快，所以只是偶感而已。"

从他的夫子自道可见，彦火的散文是产生在激情燃烧后的冷静，捕捉稍纵即逝的回望，将刹那的偶感定格成记忆。冷却、凝眸、静思，尔后遣诸笔端，因而便与滥情诀别，与煽情绝缘。火焰涅槃后化作美丽的彩蝶，激情淬火后是入铗的宝剑，不再让人感到炙热和灼痛，也不再显得剑拔弩张，咄咄逼人，而恰如一泓清泉汩汩地流入读者的心田。

二

"一榻清风书叶舞，半窗明月墨花香"，夜读彦火，从集子中随手摘了几片书叶、几朵墨花，便能品味出彦火抒写的韵致：

秋，妙手空空地偷走了夏的余焰和汗湿。

那一年，踩着杜牧的足迹去爱晚亭，满山的枫叶在一片翠绿的氤氲之中，绿滴滴的，又如一个刚落地的娃娃，鲜嫩嫩的，就是少了一份羞涩的红霞。

第三辑 专论

秋雨驮负着多沉重的游子情？

雪没有脚，因而来时不意的悄悄。

这类描摹佳句，在彦火的散文中俯拾皆是。淡雅的笔调，是一抹云、一缕烟，又如一枚青橄榄，耐人咀嚼，清新可喜，余味隽永。

彦火很讲求炼字。读他的散文，不时发觉有些妙言隽语突然蹦出来，让你眼前一亮，当目光回溯逡巡，便从中品出味来，获得会心一笑，获得强烈而美好的阅读感受。教人不得不佩服他的文字功力。

彦火阅历广博，知识积淀丰厚。因此，他的游记显得气势恢宏，纵横捭阖、浮想联翩，而又收放自如，跌宕有姿。他往往将此地的景和物，与彼地甚至异国他邦的景物糅合在一起，作出模拟，作出联想，旁征博引，笔意酣畅地抒写内心的感受和情怀。比如他写雾，便将香港太平山的雾、庐山的雾、泰山的雾，甚至伦敦的雾、重庆的雾，揉碎了，捣烂了，放在一起比对，映照出各自的风姿。

他笔下的雾很美，仿佛都有了生命、有了灵魂。

他说太平山的雾"又浓又滞又糊……很痴情、很缠绵。"

他说庐山的雾"十足一个调皮的小鬼头，专爱跟人捣蛋和捉迷藏。"

他说泰山的雾"来得热烈，去得缓慢，如情人惜别，一步一回头，这是一种深沉的情怀。"

至于伦敦的雾是铺天盖地的，重庆则是常年烟雾缭绕。

彦火的一枝笔真是把雾写活了，缈缥的雾变得可掬可捧，可触可摸，铿铿然掷地有声，活脱脱跃然纸上。

三

我们在读到彦的游记篇什时，恍见余秋雨的身影在书页中晃动，两人所采用的表现手法，何其相似乃尔，他们都集纳知识之萃，熔铸尺素锦笺，放飞思维之鸢，遨游联想天地。"寂然凝虑，思接千载，悄然动容，视通万里。"这类游记宛如邀请读者品尝丰盛的筵席。

彦火的散文是多采的，除感悟人生，抒情遣兴，驰笔大地，歌吟山川外，怀人纪事的篇章，在他的散文创作中占有很大比重。

我以为散文的灵魂在于一个"真"字：真心、真情、真诚，唯有"真"字，方能扣动读者的心弦，引起心灵的共鸣。彦火怀人纪事的散文篇篇融注真情，笔笔跃动真心，读之令人久久难以释怀。

四

　　彦火历任多家出版机构的高层管理人员，现为明报出版社和明窗出版社总编辑兼总经理，及香港作家联会执行会长。职务之故，他与两岸三地以及海外作家建立了广泛的关系，与许多作家结下了深厚的情谊。

　　彦火以饱蘸情感的笔墨，记下了一段段真挚动人的文坛轶事，谱写了一阕阕友谊的颂歌。既为文坛存录和呈献了一份珍贵史料，又为他的散文创作增添了一道亮丽的风景。他名噪文坛的《当代中国作家风貌》、《海外华人作家掠影》、《爱荷华心影》等著述，便是他怀人纪事的扛鼎之作。彦火这类题材的作品多有评论，宏文垒牍，在此不赘。

　　夜读彦火，掩卷之余，心绪难平，披衣而起，搦管铺纸，走笔写下这篇管见心得。

（香港《香港文学》，2003 年 9 月）

谈彦火的散文

□原 甸

散文在香港文坛上是一株较茂盛的花朵，然而，这只能指一种以议论为主的小品散文，原因无他，因为香港的每份报章几乎都为这类议论散文、小品文提供了大量发表的地盘。因此，议论散文在香港确是有肥沃的土地。可是，散文的另一支，作者议论散文姐妹文体——抒情散文，长期以来，在香港的文坛上却是欠收的，原因也无他，因为香港每份欢迎议论散文的报章副刊并不欢迎这类文艺气味浓厚的抒情散文的。

在这样的情况下，彦火的努力是令人钦佩和注目的。这一颗出现在香港文艺天庭上熠熠闪现的星星，在并不太长的时间里，已经为我们奉献出了《枫桦集》、《大地驰笔》、《枫杨与野草的歌》、《醉人的旅程》等几本抒情气氛浓郁、情景并采的散文集子。虽然，彦火另有对新文学研究的兴趣，且在这方面留有著作，但这方面却不在本文谈论的范围了。

我是喜欢彦火的散文的，除了收在《枫桦集》中的那些带有针砭品议的杂文不谈，其它散见各集子中的篇杂，或游记，或记事，或抒情，似乎都有一个共同的特点，即：表现手法上的"情浓意逸"。

历来有不少写游记和记事的散文作品，但一般的说，多以求有"韵致"为主，彦火的散文则宏如水墨画，尽情的泼墨在画幅上，彦火所泼何墨？感情是也。因此许多书评家都推崇彦火散文中的"情"，认为从这一点说，彦火甚至具备了作为诗人的特质。

在他一系列的游记散文中，姑毋论是写神州的江山，东瀛的风光或千岛之国的绮丽，每过一处，他都喜爱为之留下一二的情浓郁的篇杂，笔底始终都是汩汩地流淌着诗一般的感情。我们随手翻阅彦火的散文集子，可以引证的章句似乎随拾皆是了。譬如在《太湖看风帆沙鸟》中，他便是这样诗情洋溢地描绘着太湖的风光的：

　　　　太湖的风帆沙鸟早已闻名于世，特别是那点点帆影，与一般渔船迥然不同，普通的帆船只有一大片帆，帆羽片片，风饱帆扬，一去千里，时而像由天边而来，时而隐入天际，那么飘渺，那么豪逸，将明镜般的太湖，点缀得更美，更有生气。此外，还有那闪着银色光影的海鸥，在浩瀚的湖波嬉戏，这与湛碧的太湖，构成一幅非常美妙的画图。

湖风习习，湘波艳潋，远近白帆片片，还有那天边的霞彩，真是海阔天空任鸟飞，我们不能像沙鸥翩翩飞翔，却亦有"我欲乘风去"的飘飘然之感。

这样的描绘，既是画，也是诗，作者在笔墨飘逸之间，处处注入了他的款款的深情，它使人想到了苏州的刺绣，只不过他是用眼代针，用情代线，然后织成一幅情景交融的艺术品来了。

彦火是巧妙的，他的情，一般的不是以赤裸裸的形式诉诸于抒情诗之直笔，而每每是依物靠景而抒，因之，他的情就显得态万千不流俗套。读者读了，也每每为他的彩笔绚丽和变化而入神，不感拖沓和沉闷。

这种写散文的笔法，是值得我们细嚼的。情意空泛，只有依物附景，才显得有根基，并能形成感染的力量。

彦火的匠心还表现在对情的欲控又纵和欲纵又控方面，这便是我这里所说的"情浓意逸"了。

譬如他在《木棉花开》一文中，一开始便展开了对菲岛的热情描绘，这时候，情与景反复交织着开展，在任情的歌唱了一大段之后，他戛然而止，把情暂搁，稍事作了一个呼吸，带出了一位令菲岛社会引起轰动的国际友人的访问旧事，然后有了缓缓的记述，从容的漫谈，让读者与他一起放缓了呼吸，直至篇末，才又把笔墨碰触了对伟大友谊的歌颂。形成了一种散文的节奏感，急缓相当。这种"情浓意逸"，一方面需要作者的真情和浓情，一方面又需要作者的细致的观察和思索，有时以情带意，有时又要以意领情，两者呼应，交替并用。当然，彦火对词藻的丰富储蓄，使他经常能得心应手地在他的散文世界里增添了灼灼耀眼的花卉，增加了情浓意逸美术氛围中的一些音响。

擅用文字造河山

——读彦火的中外游记

□喻大翔

仿佛很遥远很遥远，20 世纪 80 年代初，我在江城武汉蛇山之麓的一爿书店，听到了一部《枫杨和野草的歌》，随后在这家小店又踏上了《醉人的旅程》。两本散文集的作者都是彦火，原名潘耀明，在香港。恼人的是，清新的、诗意的、醉人的歌声被更年轻的大学生们所喜爱，从此借而不还。又仿佛很切近很切近，一聊到华文文学，一说起散文，一谈着游记，彦火笔下的山水总像藏在我某个记忆的芯片里，蒙太奇一般的淡出淡进……

毫无疑问，当代华文文学的游记，彦火的创作不能被遗忘，他作品中体现出来的艺术精神，亦是今后华文游记努力的方向。笔者本文所据之版本，以花城出版社 1984 年 10 月增订再版之《醉人的旅程》为主，并参阅《那一

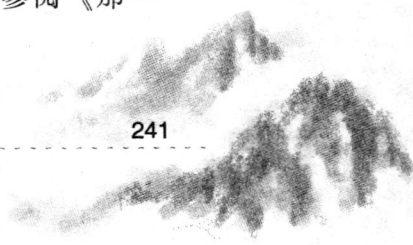

程山水》(皇冠出版社，1990)、《人生情》(中国文联出版
公司，1993)、《苔绿》(中国文联出版公司，1995)、《鱼
化石的印记》(上海文艺出版社，2000)和《永恒流动的情
感》(上海文艺出版社，2000)等文本。

一

彦火对游记写作有一套自己成熟的理念。他曾说：

游记因是散文的一种，如抒情小品，所以是文学性
的，需要经过艺术提炼。[①]

联想他在《人生情》代自序《昨天的路》中所言："自
问是一个感性多于理性的人"，[②]我们就可以发现，他的性
情、他的审美、他的阅读、他的笔力，甚至他的写作习惯等
等，游记在他的笔下变成了诗性的山水。从散文体式与体性
上说，就是记游的抒情小品或散文诗。

我在《用生命拥抱文化——中华 20 世纪学者散文的
文化精神》第六章里讲过："从古到今，游记在体式及语
言格调上路数不少，如独语体、对话体、书信体、日记
体、序跋体、散文诗体、抒情小品体、故事体、小说体甚

---

① 彦火：《浅谈旅游文学（代跋）》,《醉人的旅程》(花城出版社,1984 年),
　　第 247 页。
② 彦火：《昨天的路（代自序）》,《人生情》(中国文联出版公司,1993 年),
　　第 1 页。

至哲学文本体等等。所用不同，语体风格自有别创。"①
其实不只语体，体式与体性决定了游记的结构、节奏及一
系列写作策略。

《庐山组曲》应该是彦火游记作品的翘楚了，它像一
部交响乐或钢琴曲，贝多芬的《田园交响曲》或《田园奏
鸣曲》，由《雨》、《雾》、《山》、《水》、《路》、《树》、《花》、
《茶》、《松》、《竹》、《石》、《园》、《湖》、《昏》、《夜》、《牯》、
《麓》共十七个乐章构成，而我以为，至少有七章左右可以
成为当代华文游记的上佳之作。《水》前四节他这样写：

　　　　庐山多雨，溪瀑如叶脉，纵横交错，密布全
山。
　　　　溪水，由纵而下，飞流成瀑；由横而流，依
山萦绕。
　　　　小溪涧，如娴静冰雪的少女，深入重迭的浓
翠，汨汨而流；溪水澄明透澈，哪怕是一根水草，
一粒砂石，一条游鱼，都历历可数。
　　　　瀑布，天矫如野马，奔腾湍鸣，李白有两首
诗，是描绘庐山瀑布。其中一首《望庐山瀑布》，
将庐山瀑布刻画得淋漓尽致。诗句虽然长，但诵

① 喻大翔《用生命拥抱文化——中华 20 世纪学者散文的文化精神》（人民文
学出版社，2002 年），第 354 页。

第三辑　专论

读之余，对庐山瀑布，相信会了然于怀……①

《水》集中叙描特定时空的一个对象物，篇列紧凑、短小；段列类似新闻体裁的倒金字塔，不少段落一句成型；句列长短交错，但遵循汉民族语言风格，以短句为主，干净利落；所选词列是地道的现代汉语，加上频繁使用抒情性强、文化信息丰厚与自古不衰的名词、动词和形容词，看上去结构精粹，跳跃性大；读起来抑扬顿错，节奏性强；品起来如历其景，如动其情，难分山水你我，是典型的抒情游记。

因为彦火擅长将山水景物散文诗化或抒情小品化，诗化的内在艺术规律就是要特别重视捕捉意象、提炼意象和表现意象。再看看那四段文字，无论本体还是喻体，与水相关的系列意象多达十余个，从不同侧面表现庐山之水的无处不在，极富形象感染力。彦火深谙游记是要造境的，只有主观抒情决不是游记，而意象是游记造境最有效、最诗化的单元。我们读一读《醉人的旅程》中其它如《旅美浮雕》、《扶桑鳞痕》、《岛国风情》和《湖山走笔》那些代表作，不得不承认他写的事实上是诗人的纪游作品。就连表述理论见解的序跋之类，他也不忘记动用意象的能量：

---

① 彦火：《庐山组曲》，《醉人的旅程》（花城出版社，1984 年），第 213－214 页。

火柴棒是枫杨木，很易燃，也燃得很快，虽
然是稍纵即逝，但，每次看到那一朵焰火，就感
到有好一阵子的亢奋和温热。①

那是一朵什么样的焰火呢？"一朵呈蓝晕橙金色的火
焰"。复调的、奇美的、希望的"焰火"！请注意，是"焰
火"，这不与"彦火"谐音吗？我不由揣测，作者当初动
用"彦火"的笔名，莫不是受到了那迷人的"蓝晕橙金色
的火焰"之启示？不错，他看到和灼到的是他自己。不管
有意还是无心，这就是文学上的意象隐喻，是彦火游记的
符号暗示。正是这种暗示，我们发现了他的游记文本，他
的性格，与他人生理想和文学理想的一致性。

二

游记到底怎么写，才能撰成动人的妙篇伟构？恐怕没
有人能说出个子丑寅卯来。但有两点可以肯定：贵在对所
游的发现，即彦火说的"穷探山水"②；又在对发现的准
确把握与传达。中外风景地，连地上的天空，都已是重重

---

① 彦火：《枫杨与野草的歌（跋）》，《永恒流动的情感》(上海文艺出版社，2000
　年），第 272 页。
② 彦火：《浅谈旅游文学（代跋）》，《醉人的旅程》（花城出版社，1984
　年），第 246 页。

迭迭的脚印与眼球了，没有新奇可言。但大多数人走而不语，游而不说。用笔讲话的人也不少了，有点名气的景点，无论自然与人文，大概已经被蓝墨水、黑墨水浸染过许多回了。好在四季之变、晨昏之交、晴雨之替、气流之动，不会完全让一个人置身于复印般的时空点上；尤其是那主观的一腔情思与笔中的一脉字流，在在给人提供了自我表现的空间，这就是对景物或事列特征的独到把握与主体个性化的语言表现。应该说，此乃游记创作的前提，否则，一切都谈不上，但彦火做到了。

譬如黄山松，已根植在无数的散文与游记中。彦火这样写道：

> 它的特点是针叶短粗而稠密，顶平如削，干曲枝虬，苍翠而奇特。它的形状或立或卧或俯或仰不等，百态千姿，屹然独茂。①

这有点像白描，几笔就将天下独绝的黄山松勾勒出来，不与它松类同。我踏过黄山，也读过包括徐霞客在内的黄山游记，但简练确当如许者不多，真是此松只应彦文有了。

---

① 彦火：《黄山散记》，《人生情》（中国文联出版公司，1993年），第154页。

苏晨曾提到他"最喜欢"《醉人的旅程》中第二辑《那夜·风吕》和《厚厚的苔意》等篇章，"都相当传神地抒描了日本的民风和作者的感受"。[①] 用文字间接传送自然和人文之"神"，历来为文学家所追慕，而游记摹造千人万眼见过的同游客体，更属不易。

如果《那夜·风吕》只是介绍日本人喜爱集体沐浴的习俗，作者在现场的迟疑、尴尬，沐浴过程中感受及联想到茅盾当年在日洗澡的那一丝艳情，那《厚厚的苔意》和《寄情山水花木》两篇，则从观察到的表像准确地探到了日本文化的底部。彦火认为，在日本，像东京、大阪等大都市，有"很值得骄傲"的现代化；而在京都、镰仓、奈良等古城，则"盈溢着古情古意"。修旧如旧的东大寺，逸丽淡素的金阁寺舍俐殿，上野公园的老树和纸灯笼，古色古香的食肆、茶具、花瓶，衣袂飘飘的蝶饰和服，还有开着晶莹的白与晕着浅紫的白的平民庭院中的兰花，在在彰显"他们的现代是与古昔和平共处"。这一切，日本民族在戾气冲天的时代之后，"是否表征着内心的反省"？这当然只是作者的猜测。但他依景判断日本人有"刻意返古的心态"，所有的那些人文和自然意象，表明日本人心理的"苍凉感"，"刻意追求枯淡、拙朴的韵味"，和他们

---

① 苏晨：《醉人的旅程（初版）序》，《醉人的旅程》（花城出版社，1984年），第 4 页。

"高古、幽远的境界"。日本文学研究专家叶渭渠先生在十多年后写道："日本清幽的自然环境和淡泊的简约精神，对原初民族的简素淡泊性格的形成影响至大"① ——

"位居文化空间中心位置的文学……逐渐形成以'哀'为中心的'物哀'（もののあわれ）的美；近世又在日本的特殊艺术茶道、俳谐的领域里，产生了以幽玄为中心的'空寂'（わび）和以风雅为中心的'闲寂'（さび）的美。'物哀'、'空寂'和'闲寂'成为日本艺术美结构的三根支柱，成为日本人审美意识的主体。"②

叶渭渠认为，"物哀"美诸要素中，"最突出的是哀感"；③ 而"空寂茶"道"静寂低徊的氛围"中，"容易在情绪上进入枯淡之境"；④"闲寂""更具情调性"，但"主要是表达一种以悲哀和静寂为底流的枯淡和朴素、寂寥和孤绝的文学思想。"⑤旅行家的观察和理论家的探究不谋而合。彦火其实不只感性丰盈，他直觉的理性相当有穿透力，用散文发现一个群体在刀剑硝烟中的刻意沉静；在现代化进程中对传统文化的保护和阐扬，也比我们早

---

① 叶渭渠:《日本古代文学思潮史》(中国社会科学出版社,1996年),第23页。
② 叶渭渠、唐月梅:《日本人的美意识》(广西师范大学出版社,2002年),第73页。
③ 叶渭渠:《日本古代文学思潮史》(中国社会科学出版社,1996年),第130页。
④ 叶渭渠:《日本古代文学思潮史》(中国社会科学出版社,1996年),第196页。
⑤ 叶渭渠:《日本古代文学思潮史》(中国社会科学出版社,1996年),第198页。

醒悟了许多年。

对景物独有特质的适当把握，只有意识和眼光显然不够，这就要有文字的功夫，以保证文本在艺术上的最终完成。我以为，在现代华文散文及游记的写作中，对文字的精心挑选与安排，彦火不能说是最好的，但他该是最用心的一个。几乎每一篇作品，都有令人感到新奇或惊奇的字词，放在恰如其分的地方，让你对景物或心绪产生意想不到的张力，达到了相当的艺术高度。如"腾不出半点闲情，也溢不出逸致"、"一时莺声呖语"、"掬满怀的芬冽而归"、"荡入济南城"、"恍惚醉倒在蜜埕中……也分享了一份欢忻之情"、"凝露欲滴，晓雾欲溶"、"绿叶噙着水珠在打转"、"有些拘谨、有些湫逼"，真是举不胜举。常用字、讳字、书面字、口语字；名词、动词、形容词，他精心而得心应手的安排总会发生一定的效果。

庐山多雾的特点古来为人所传所叹，但如何像庐山雾一样用变幻不定的字词的线条、色彩、旋律，画出横空竖岭、假水真树、轻烟重石，在特定语境中选字用词并艺术地表现出来，当然看得出功夫的深浅了。袁宏道《入东林寺记》，一句"山色为云所届，稍露半髻"[1]就玩完了。丰子恺《庐山面目》，一律都用"白云"或"白

---

[1] 袁宏道：《入东林寺记》，吴秋士选编《天下名山游记》（上海书店，1982年），第17页。

茫茫",① 分不清他写的是云还是雾。彦火《庐山组曲》
中的《雾》，那真是云山"雾"海、"雾"中有雾，用以
名雾和与雾有关的名词、动词、形容词，有近三十个，
密度之大，层次之丰，变化之频，真是让人有"雾失楼
台"之妙。

三

古今的人们为什么要奔向自然，与"世之奇伟瑰怪非
常之观"（王安石《游褒禅山记》）融为一体？或曰"心
凝形释，与万化冥合"（柳宗元《始得西山宴游记》）呢？
我在《用生命拥抱文化》一书中略有论及：

> 人类创生后，随着个体、群体、部落甚至国
> 家次递消亡，而日月山河依旧，一种最深层的悲
> 剧文化心理任什么也抹不去了：时光短暂，人生
> 几何，人无法掌握自己的命运。人对宇宙大美即
> 自然产生了深深的又无可奈何的嫉妒。于是，一
> 切不甘心来世上白白走一遭的人们，为了自我、
> 人类的尊严和久长的价值，就进行各门各类文化

---

① 丰子恺：《庐山面目》，畲树森等主编《中国风景散文三百篇》（华夏出版社，
1992年），第653—655页。

生命的创造，以"足与山水敌"（袁宏道《题陈山人山水卷》）。从一个可能的角度，追求与自然的同在与永恒（"并生"与"为一"）。也正因此，尤其在哲学和文学作品中，哀叹人生的短暂和追随与天地的同一，就成了两个最基本的母题。[①]

在文学体裁中，"追随与天地的同一"，游记是最能担此大任了。现代化及城市化，扩张了人类的狂妄也加强了个人的孤独，寻找山水，回到天人合一的和谐境界，就成了现代人挥之不去的情结。

彦火的游记至少从两个层面表达了上述的欲望。一方面，身处异地异国，却时时心怀香港。他认为，香港这座大城是一片"钢筋水泥的森林"。香港的春雾"浓得使人感到滞重"，"来后又缠着不走"，不像自然的庐山之雾有"一分飘逸的轻快"。香港的夜是"纷繁"的，不可能有庐山远方灯影若星斗，近处有风曳竹林的清韵。比较之中，他远城而近山。这使我想起了顾城的一首小诗：

> "你/一会看我/一会看云
> 我觉得/你看我时很远/你看云时很近"。[②]

---

① 喻大翔：《用生命拥抱文化——中华20世纪学者散文的文化精神》（人民文学出版社，2002年），第355页。
② 顾城：《远和近》，《黑眼睛》（人民文学出版社，1986年），26页。

　　舍近求远事实上是心理的选择，用一种追求代替一种放弃，这里面有着明显的批判意识。彦火在《速写东京人》一辑里，前几篇几乎处处对香港人有微词，《恪守信用》更公开抱怨"香港人不仅势利，而且擅装腔作势"。我们可以相信，彦火在本土人群中找不到一个觉醒者的尊严，或对某类人失望，到他乡或大自然中追寻和谐之境，就是理所当然的。这也是历代不少旅行者挽救自我的动机之一。

　　另一方面，他的文本对与天地同一有深层认同。他说，只有"细致的观察"，"才能透视大自然最本质、最引人入胜的东西"。[①]《醉人的旅程》中，他对大自然的深层魅力已作了系统回答。我们来看一看《尼加拉瓜瀑布纪游》吧。他听说，从前有一些敢于冒险的青年人，钻进密封的铁桶里，在瀑布巨大的冲力下漂流，有的人因此丧命：

　　　　我不知这些亡命青年，是否受到尼加拉瓜瀑布博大、恢宏的精神所感召。但尼加拉瓜瀑布使我想起罗曼·罗兰的一句话：

　　　　"爱、憎、意志、舍弃，人类一切的力兴奋到极点之后，就和'永恒'接近了。"

　　　　当人类一切的力仍未发挥到极致，则无以言

---

① 彦火：《浅谈旅游文学（代跋）》，《醉人的旅程》（花城出版社，1984年），第246页。

永恒。但我敢说尼加拉瓜大瀑布是永恒的……①

　　自然生命的恒在现象，正是人类亘古以来羡慕和嫉妒的，于是才有了人类种种"不朽"的思想与行为。"博大、恢宏"只是"永恒"的表现之一，青年们为之而冒险，那不是模仿，而是"足与山水敌"的生命价值诉求。正因如此，包括"我"在内的"乘客"，为了深入瀑布腹地，接受大自然的洗礼，巨浪将一叶扁舟拍得东歪西倒也毫无惧色；当"大家"明知巨石下面是深不可测的万丈深渊，也竞相爬上去与庐山石松合照留念，"没有丝毫畏怯"。为什么？是为了与磅礴的惊天大瀑布和浪漫而傲岸的石松有一个艺术的同一，有一种主观的不朽。彦火知道，这是人的价值，也是游记的价值。

　　彦火的游记还有一些艺术优长，也有一些值得磋商的地方，篇幅临届，先写到这里吧。

　　　　　　　　　　　　2005 年 8 月上海步桐斋

　　　　　　　　（香港《香港文学》，2006 年 6 月号）

---

① 彦火：《尼加拉瓜瀑布纪游》，《醉人的旅程》（花城出版社，1984 年），第 33 页。

真实·自然·诗意

——评彦火的《大地驰笔》

□璧 华

《大地驰笔》（香港文学研究社出版）是一本旅途随笔集，它是作者彦火漫游胜迹遍地的神州和"千岛之国"菲律宾的艺术记录。在集子里，我们可以看到人在游览，笔在奔驰，就在奔驰着的笔下，呈现出一幅幅闪过作者心灵之窗，浸染着浓醇情意的景物形象。

我以愉悦的心情鉴赏着《大地驰笔》的每一篇章，在鉴赏过程中，我不禁想起袁宏道在《叙小修集》里的话："足迹所至，几半天下，而诗又每因之日进。大都独抒性灵，不拘格套，非从自己胸臆流出不肯下笔。有时情与境会，顷刻千言，如水东注，令人夺魂。"

我引用这段话，并不是说彦火的散文艺术已经到达袁宏道的水平，我只是想通过比较，证明他已经为自己的散文创作开辟了十分广阔的前景。

《大地驰笔》有以下几点特色：

首先我们可以看到，集子里每一篇章都是作者在极度兴奋的情况下写成的，他游历的是日夜神往的地方，观览之后，它成了至友，在依依不舍之中又在感情上逼着他把接触时所得的深刻印象重现于纸上，让别人也喜爱它。如《庐山漫游》，一开始作者道出自己"曾对它进行过一次又一次的纸上遨游，兀自在脑海中编织起一个又一个纤秾的梦。"最后说："庐山的三日三夜，可感可触的很多很多，那侠骨峥嵘的山峦，那柔情万缕的溪流，那飘逸若轻纱的云雾，那温炙的人情……，都令人铭刻于怀。"正是这种情怀写下的那些游记，才具有"令人夺魂"的力量。

其次，"真实"和"自然"是一对孪生姊妹，是优秀散文的必备条件，雕镂太甚，是散文大忌，将使之失去天然之趣。彦火在创作实践中充分认识到这一点。例如首篇《我们自泰山来》就能给人留下这一印象：他写未下火车就急于取出相机，准备为泰山造一个"仰之弥高"的像，下了火车，见到一座逶迤的峰峦，虽然并不出众，但下意识还是咔嚓咔嚓地揿了几下快门，引起了后面善意的笑声。这些地方都能不露痕迹地将自己对泰山的一往情深的神态表露出来。从具体感受下笔，信手写去，文章常能收到意外的艺术效果。

最后，不能不提这本集子在读后留下诗意的印象。我始终认为，好的散文必须具有盎然的诗意。《大地驰笔》里不少篇章即具有这一特点，其中最使我难忘的是只有五六百字的《风雨中的邂逅》，文中写作者从碧瑶到菲律宾的长途汽车中不期而遇一个旅居菲岛四十年的广东老伯——奈良伯的故事，故事是在风雨中展开，同在异乡为客，那种款款深情，虽然是寥寥几笔，但写得细致委婉，令人感动；风雨中的匆匆离别给人留下的惆怅，使人想起了人生的许多偶然的相遇，又匆匆的离散，颇有徐志摩那首名诗《偶然》的意境。

(香港《大公报》，1980 年 5 月 21 日)

藏在燧石里的火

——读彦火的《当代中国作家风貌》

□ 邓　弼

　　彦火的大著《当代中国作家风貌》和它的《续编》出版之后，很受到读书界的注意。读者反应的热烈这一点，是可以料想到的。在更早的时候，我们对中国五四运动时期崛起的一大批作家，都有相当的认识，就算自己不多读课外书，也能从华文课本里读到为数不少的那些作家的作品，听到那些作家响当当的名字，什么鲁迅，什么巴金，以及冰心啦，朱自清啦，徐志摩啦，老舍啦，茅盾啦，等等等等。就连这些人的生平，我们也知道一点。但是在过去的三十年中，一切与这些作家有关的事情，可以说完全地隔绝了，尤其是在文化大革命那段时间，甚至连一些我们所熟悉的作家的生死存亡的消息，我们都不得而知。报章杂志上虽然偶尔有这方面的报导，但是内容多半十分简短，而且其真确性，有时也很值得读者怀疑。但是自从彦火的这两本书出版之后，我们的疑惑，都不存在了。如果有谜，这些谜已经一个个地被解开了。单是这一点，我们便应该向彦火表示谢意。

有些书，谁都可以写，但是像彦火这两本书，却不是一般人都写得来的。这倒不是写作能力的问题，而是材料的问题。彦火因为居住环境的关系，再加上工作性质的关系，在和中国大陆的作家接触方面，就比其它的人方便得多了。所以他能够写下一篇又一篇的访问记。从这些访问记中，我们不佢知道哪一些我们所熟悉的作家依然健在，也知道哪一些已经离开人间了，同时也知道那些劫后余生的作家们，有过一些什么遭遇，以及在有生之年，他们准备怎么样与时间赛跑，把他们一直要写而没有机会写的作品，赶快写下来。比方丁玲的《母亲》，本来计划写三、四十万字，但是只写了十万字，所以她将继续地写下去。至于姚雪垠，他的雄心就更加叫人肃然起敬，他居然打算以三百万字的篇幅，来写长篇小说《李自成》。现在这本书的第三卷已经出版了，原定在1981年完成的第四、五卷，恐怕已面市了。对这些作家来说，年纪老迈，似乎并不曾构成一种威胁。

这两本书的另一个可贵的地方，是彦火也为我们介绍了一些对我们来说比较陌生的老作家，和年轻一辈、刚刚冒出头来的作家如冯亦代、李准、王蒙、张抗抗、何为、舒婷等。尤其是年轻一辈的作家，要不是通过阅读彦火的几篇访问稿，我们对这些人的生平和创作，可说是一无所知的。说到贡献，这就是彦火的贡献了。

我个人也很喜欢附在书前面的许多作家的照片；看了老一辈作家的近照，我们才知道他们的丰采，已经变成什么样子了。正如人家所说，艺术家是不怕老的，甚至于是越老越可爱；因为他们的白发，他们额上脸上的皱纹，都是他们智慧成熟的写照。我们也乐意知道素未谋面的年轻作家，究竟是仙风道骨、神采飞扬、或者如玉树临风？"读其书，不知其人，可乎？"可见在读一个作家的作品时，对他的相貌有一点印象，总是好的。

总之，要是彦火能朝着这条路走，继续地写作与出版同一性质的作品，那么，他的成就，将是未可限量的；但是我却不同意他在写访问稿的同时，也夹杂了他个人对被访问的作家的作品的批评。比方他在介绍蔡其矫时，说他那首《水文工作者的幻想》的诗，"布局精巧，手法高妙，情景交融，是令人诵读再三的好诗"。我认为这些话，已经变成了诗评，超出了靠数据来构成的"作家风貌"的范围了。再说，评论的工作，是大可交给其它的人去做，而不必兼由彦火来做的。不知道彦火赞同我这个意见吗？

（《新晚报》，1981 年 5 月 2 日）

《当代中国作家风貌》

□ 佚 名

香港昭明出版社今年五月出版了《当代中国作家风貌》。该书系大 32 开本，凡三百页。收文二十一篇，评介了巴金、叶绍钧、俞平伯、姚雪垠、丁玲、端木蕻良、艾青、卞之琳、蔡其矫、秦牧、黄秋耘、吴祖光、高士其、孙毓棠、萧乾、聂华苓等二十余位当代中国著名作家的创作和生平。书名由名书法家黄苗子题签，封面及装璜均极精美、雅致。

该书作者彦火是香港一家纯文艺杂志的执行编辑，擅长写作散文。近年，他致力于中国新文学作家和作品的研究工作，广泛搜集了有关资料，在多次应邀参观访问内地过程中，会晤并访问了书中评价的大部分作家。

《当代中国作家风貌》作为中国新文学爱好者和研究者的一本富有价值的参考书，大致具备以下几个特点：

首先是数据翔实、可靠。写作每篇文章时，作者不仅利用了自己长期积累的数据，而且特别注意随时吸收同行们的最新研究成果。据该书《出版说明》透露，各文初稿完成后，还分寄各作家亲自校核，增补了许多过去鲜为人知的第一手资料，对同类著作中的不少讹误多所勘正。有关正文后，另有三个附录：《萧乾年表简编》、《巴金作品一览表》及端木蕻良的《我的创作经验》。前二个是首次公开发表的，其中的《萧乾年表简编》约一万字，曾经萧乾本人过目；第三个附录原刊1944年出版的《万象》月刊（柯灵主编），是研究端木蕻良作品的重要数据，因目下已不易觅得，致被不少研究者所忽略。

　　其次是文笔轻松活泼。作者介绍每位作家时，不采流水账似的罗列年代的写法，也避免了连篇累牍的议论，而是将作家生平、作品和时代揉和在一起，勾出彼此间的关系，进而提出了自己的研究心得，所以读来不觉枯燥，又不失严谨。

　　第三是图片丰富。书前用涂料纸精印了各作家近照五十一帧，签名式四十六个，大多是作家寄赠本书作者的。读者借此可一睹名家风采，增加阅读时的亲切感。

　　　　　　　　（香港《新晚报》，1982年3月2日）

订正一些作家生平及著作的讹误
——谈《当代中国作家风貌续编》

□海　旸

本书是彦火先生 1980 年出版的《当代中国作家风貌》的姐妹篇。收文三十三篇，三十一位人头按小说家、散文家、诗人、创作家、儿童文学家、翻译家顺序排列；资深名家在前，新秀在后。和《正编》一样，"本书所评介的作家，大都与作者有过交往，因此均是第一手数据，其中有不少是过去未涉及的问题，见解新颖。本书大部分文章，结集之前，都经邮寄各位作家，请亲自校核，因而可以订正坊间一些书籍关于作家生平及著作若干以讹传讹的说法。对于新文学研究者，极具参考价值。"书前附印的作家近影共三十八帧，也有不少是第一次发表的。若一定要找出与《正编》相异之处。我以为，以下三点可以一提：（一）《续编》访问稿较《正编》多，占全书篇幅二分之一强；（二）《续编》对文坛新秀更加注意；（三）《续编》清一色介绍的是内地作家，不像《正编》还有二篇谈聂华苓和一则关于台湾现代派文学的短文。两本《风貌》所缕列的作家，除王蒙、马宁、郭风、何为等人，《正编》曾简略点到，《续编》再作详论之外，其余均无重复；比较起来，《续编》牵涉的面广泛得多，因之，它受到更多的注意，自是意料中事。

研究新文学的人都很重视作家的资料，一般来说，它的来源主要有三：一是传记（别人写的或作家自己写的）；二是回忆录；三是访问记。好的访问记是开启作家生平之谜和创作心扉的最佳"钥匙"。欲作成一篇"好的访问记"，访问者起码得先有二项准备：一是对被访问者事先有较深入的钻研，以期能根据不同作家的具体情况提出切当、内行的问题；一是对外间有关被访问者的研究概况有所了解，以期能在对谈过程中，为排疑解难作出及时的贡献。笔者不想夸大其辞地说，彦火所作的篇篇访问记都是成功、精彩之作；但我愿意提请读者咀嚼本书中对王蒙、李准、张洁、戴厚英等人所作的访问记录。从中，可以多少把握那影响国内文坛新秀创作风格的种种内外因素；多少理解他们所以力求突破创新的缘由；多少窥见这些"中国文坛未来的支柱"（《后记》）的创作前景。这些直接得自作家之口的珍贵数据，前此多不见披露。

《续编》作为研究中国新文学的成果，它之令人发生兴趣，自然不全因为那些"访问记"，这里还有一些根据面谈、信访材料及纯粹研读作品和别家评论文字后的感想所作的综合述评。这类评论，贵在有自己的见解，切忌"人云亦云"。以此作为衡量的尺度，笔者欣赏彦火先生对白桦等人的评价。写白桦，篇末援引叶楠的话，我以为极有力量，足以叫人信服：写过许多优秀作品的白桦，是把祖国和人民看得高于一切的。作家评论要写得中肯确切颇不容易，彦火长期努力于这个目标，本书一些篇章证明他的这份努力没有白费。

另外，尚应指明的还有，本书绝大多数文章虽已分别发表于报刊，但此次结集，作者逐篇作了不少增删和订正，数据的可靠度，因此比剪报高了许多。

本书的另外一些访问记和评论，由于访问和撰作时的悾偬，加上作者有时也预备不足，故也有提问肤浅，评论缺乏主见的地方。例如：访问曹禺，基本上没有触及曹的作品，重心似放在对中国文艺现状和前景的探究上，实际上，这些问题拿来问曹禺并不适合。再如：评论钱锺书的那一篇，笔者的印象是并没有跳出钱的老同学、现任厦门大学中文系系主任的郑朝宗的论见。不过，无论如何，《当代中国作家风貌续编》是有贡献的，和它的《正编》合起来看，一幅中国现代、当代文坛的长卷即使不能说已是"包涵所有"，也大体勾出了粗粗的轮廓。进一步补充这幅长卷的工作，不知道彦火先生还有新的计划否？

（香港《文汇报》，1982 年 9 月 10 日）

工笔写中国作家风貌

——彦火著《当代作家风貌续编》出版

□ 新 园

工笔画笔法

在中国画的范畴中，有所谓工笔画，工笔画始自宋人，画工笔画，非常仔细，非常逼真，却又有画家的风格和表现的技巧，现在仍不乏这种传统的工笔画家。在文学界，以工笔来写人物，除了小说里有之外，恐怕很少用工笔来写真实的人物。最近读彦火的新著《当代中国作家风貌续编》，我觉得他用的正是工笔画的笔法，本来对于当代一些作家的访问、对谈、印象，随便用一些报告文学的笔法，或者用散文的笔法，已经可以把一位作家写得活灵活现了，可是仔细看看，彦火写这些中国当代作家，总是非常细致，非常用心，侧面、正面，甚至里面，刻意塑造，这简直是在画像，用工笔写真，连作者内心的感觉和思想都写出来，这实在不仅是风貌的外表了，而是内心的世界。

　　写人物，无论作家也好，科学家也好，或者艺术家或者别的什么人物，要写得出色，非常困难，因为专写这个人物的身世、故事，总嫌不够味道，读者喜欢的是这个人物的思想和性格、生活情趣之类，作者太主观去写他，太过真实固然不好，不够真实也是不好，令读者觉得既真实又写得好，那就要看作者的功力。大抵功力是学识和人生修养加在一起，能够对人对事给予适当的理解，再把这种合理的认识写出来感染读者，这便是一个有功力的作者吧。当然作为一个作者，单靠自身的学识和理解还是不够的，还要做许多别的配合工作，就以介绍中国作家的风貌这工作来说吧，如果不好好地去搜集资料，不细心阅读作家的作品，不追查作家的活动，不注意作家的思想发展……不去访问、求证、理解，恐怕也不会给以适当的画像吧。而作家实在多，各人又有各人的面貌和思想，如何把各个不同性格、不同思想、不同写作方向的作家真实地画出来，恐非花了大工夫不可，因此花了工夫，还要本身是一个有功力的作者，这才可以用工笔来替作家画像，画出一幅既真实又有灵魂的像，这工作是不是很难呢？我想是相当难的。

写得很真实

彦火是年青的文化工作者，而且又擅长于写散文，以他的修养和努力，加上对工作的热诚，他的确可以做得到，因此当第一本《当代中国作家风貌》在 1980 年出版时，就很引起读者的喜爱，为什么会引起广大读者的反应呢？主要是作者写得真实，写得好，能满足读者的好奇心。中国现代文学界，一向最缺乏的是有关中国现代作家的传记或者介绍的文字，尤其是"文革"期间，中国作家大部分遭遇到空前的不幸，这种不幸原是可以避免的，但是我们的作家，却不能避免，他们遭遇到不明不白的冤情，遭遇到没人想象得到的痛苦，在海外的广大读者的心中，根本不知道我们的作家的消息，因此愈加怀念和关心中国的当代作家来，此所以"文革"之后，文艺界重见光明，作家的一点一滴的消息都成为海外人士喜闻乐见的佳音，作家的生平和有关的资料都成为读者重视的参考材料，几乎比作家的作品更广泛受到注意。这现象直到近年来才较为改变，因为作家重返岗位，在短短的几年中，不但作品大量涌现，而且作家的活动也扩展到海外来，读者甚至可以直接见到作家，听到他们的谈话，这当然是非常令人兴奋的事。加上出版的蓬勃，回忆录、作家辞典、传记之类的专书、文章等，大量出现，读者已经非常熟识作家的动态，但是这类琐碎的消息，没有系统的报道、不够详细的辞书，还是不能满足读者的需求。

亲切的感受

彦火是喜欢研究中国新文学史的，他对五四以来的中国作家和作品，非常有兴趣，他不断研读和搜集有关的资料，他多次到内地旅行访问，晤见不少当代中国作家，他把他的访问记写成报道当代中国作家风貌的专文，先在报刊上发表，再补订出书，那便是《当代中国作家风貌》一书的由来。这部出版于 1980 年的专书，因为资料的翔实可靠，富有参考价值，出版后颇受欢迎，不仅海外读者重视它，连内地的读者和作家也十分注意，因此彦火再度拿起他的"工笔"，凭着出了一书的经验，进一步通过作家的交往、了解、请教、讨论，他把作家各人的近况、文学活动、以前未明朗的问题，以至音容、神貌，以散文的严谨工笔，仔细写下来，务求更翔实而又有深度反映出中国现阶段的文坛风貌。他以冷静的观察、亲切的感情、深入的了解，写成反映当代文学作家种种风貌的专篇。由于作者有了先前的经验，他的文章写得更加出色，对作家的描绘和了解更深入，层次更多，所以这后期的"风貌"文章也更精彩，使读者跟随着作者的报道、描写、分析，混合成文情并茂的文字中，探索、深思和启示，对作家的思想活动和生活应有更亲切的感受。

新秀是主体

作者自言本书与第一本不同之处，是给一部分中、青年的新进作家留下不少篇幅，他也花了更多工夫去经营这组文字，因为作者觉得这些新进的作家正是中国文坛未来的支柱。这一点非常重要，对于老作家我们当然要敬重，对于新作家，我们更加要迎接他们的作品。新老作家都一样认真去写他们，这样，整个中国当代的文学风貌就更清晰呈现在我们的眼前了。本书收了 31 位作家，都是作者有交往的作家，我们希望更年轻一代的新人，陆续被写入未来新的一本"补编"中。

（《美洲华侨日报》，1982 年 10 月 13 日）

研究当代中国文学的精品

——读彦火《当代中国作家风貌续编》

□ 汉 闻

一

经历十年浩劫后，中国当代著名作家的命运、前途及创作生活近况如何？应该怎样重新评价他们的作品？如何看待一些有争议的、新进的青年作家及其作品？这是海外读书界所急切想要了解的。彦火不久前出版的《当代中国作家风貌续编》，进一步回答了上述问题。

近年，彦火把业余的主要精力，花在从事笔耕，专心著书立说，研究中国新文学史和五四以来的中国作家和作品，并在这方面取得很大的成绩。早在 1980 年他的《当代中国作家风貌》（正编，香港昭明出版社出版）问世后，已深受评论界的重视与好评。为了更加全面地、完整地研究当代中国文学，彦火亲自走访一些中国作家，根据大量的第一手资料，包括与作家会晤的对话记录、书简往来，写成《续编》。在被访问的作家中，有蜚声文坛老将——冰心、沈从文、唐弢、臧克家、张天翼、柯灵、曹禺等，也有近年崛起的青年新秀——张洁、张抗抗、戴厚英、舒婷等，凡三十一位作家。书前附有三十八帧作家生活近影以及他们的签名手迹，书中还附有柯灵、曹禺、王辛笛、张抗抗等人的诗文笔迹。

二

读罢此书，总的的印象是，他根据许多弥足珍贵的访问资料，以实事求是、掌握分寸的态度，评价每个作家及其所走过的创作道路，分析了他们的主要作品的思想意义及艺术特色，并缕述了他们的生活近况与风貌。它使我们对被论述的作家的过去、现在及未来的创作宏愿，都有个比较全面的了解与认识。对于这些作家在十年浩劫中的不幸遭遇与厄运，彦火作了无情的鞭挞与揭露。我们从中喜闻作家们劫后余生，从而对他们坚强的意志与求生欲望肃然起敬！例如，在《三十年一觉银坛梦的柯灵》一文之中，我们知道了在文革中，柯灵被折磨与摧残了足足十二个年头：他被捕关在正式的监狱三年，到所谓的干校劳动三年，被剥夺一切正常的工作和生活权利三年。

这就是一个笔耕了半个世纪的著名剧作家的晚年！尽管他编的电影剧本《不夜城》从1958年直至文革，先后遭到三次大批判；尽管他在浩劫之年曾经被押到全市游斗；尽管他在1957年的一个夏夜，曾经被"造反派"从监狱里提出来，押送到在上海人民广场召开的十万人批斗大会认罪，但他并没有失去求生的勇气。今天，他焕发了写作青春，拟在今年创作长篇《上海一百年》的第一部《十里洋场》。又如，在海外知名度颇高的沈从文，彦火作了全面的介绍与评价《沈从文与文史研究》一文，彦火对沈从文苦心孤诣地钻研学问的治学精神以及他在日常生活中表现出来的谦和坦诚的性格极其赞扬。对沈从文在文物研究方面的成绩充分肯定。文中写到《中国古代服饰研究》这部专著的创作、出版经过与沧桑。早在"文革"前，该专著已写成"试点本"，讵料"文革"中它被打成毒草，沈从文挨了批判。直到"文革"后期，沈从文的所在单位历史博物馆竟想将沈先生的"服饰"原著的文字部分扔掉，只出插图。彦火认为"这是很粗暴，很短视的做法。"文革时，沈从文被打成"反动权威"，平时被抓去打扫地方、洗刷厕所，家里房子被占、被抄家、被派到干校劳动。他与柯灵等所有知识分子一样，遭到同样的命运。在对老一辈作家的访问中，诸如《横溢的才气、泼辣的笔致——张天翼及其创作》、《钱锺书访问记》、《唐弢丰富的创作生活》、《臧克家谈诗歌创作》、《王辛笛的诗歌造诣》、《冰心的岁月》、《著名剧作家曹禺创作谈》、《儿童文学作家黄庆云》、《胸藏万汇凭吞吐——茅盾的晚年和创作》等篇，颇具可读性，很有文学史研究价值。文中评论颇有见地，分析令人信服，资料鲜为人知。由此可以看出，彦火通过对这些作家的访问以及鸿雁沟通，对他们的创作生涯、生活道路与代表作品，均能耳熟能详。因而彦火才能对他们从不同的角度、突出重点地写出一篇篇"访问记"、"人物志"、"作家作品评论"。

正如彦火在《后记》所言："本书与《正编》不同之处，是给一部分中、青年的新进作家留下不少篇幅，并且对这一批作家花了较大气力去经营，因为我觉得这些作家恰恰是中国文坛未来的支柱。"这是彦火对近年跃进中国文坛、崛起的新近作家的最高评价。本书有几篇专论，花了相当的笔墨评介张洁、张抗抗、舒婷、戴厚英等女作家的创作道路、生平及成名作品。对于她们所创作的、一度引起大陆文坛空前热烈地争论的作品，彦火表明了鲜明的观点。例如：如何评价张洁的小说《爱，是不能忘记的》，有人认为它"宣扬男人背弃妻子另觅新欢，女人企图占有有妇之夫"，"到底要把我们的青年引导到什么道路上去呢？"彦火却提出针锋相对的意见："张洁无疑是通过这篇小说，对人类所面临的问题和现存的价值观，从更深广的意义进行探索。它所以令人振栗，是作者的笔触深入人的感情最隐秘、最微妙的地方，同时也触动了具有两千年封建传统的道德观的最敏感的神经末梢，这是使某些人感到大逆不道的原因。"这说明彦火是充分肯定这篇小说的。又如戴厚英的小说《人啊，人！》发表后，褒贬各异。彦火不人云亦云，他提出了独特的看法，认为这篇小说"力图在中国大陆重新谱起一支久已被唾弃、被遗忘了的歌曲"；"人性，人情，人道主义！"（这是大陆文坛最忌讳的东西。）赞赏这篇小说"对艺术手法进行了大胆的尝试。"

三

彦火笔下的评论文章，与常见的大异其趣。它比较讲究语言的凝炼与华丽，处处以理服人，以事实说话。有的篇章还以抒情的笔调开头。如《一个孤独的先行者——张洁的沉思》、《胸藏万汇凭吞吐——茅盾的晚年和创作》、《中国诗坛思索的一代——舒婷的脚印》、《吹叶笛的散文诗人郭风》等篇，一开始就以情感人，叫人非追读下去不可。彦火当过多年记者，因此，他在访问作家时，颇能提出一些主要的、也是读者最为关心的问题要求作家回答。

从中看到彦火提问题的艺术。

值得一提的是，本书各篇成文之后、结集之前，都由彦火把原文邮寄各有关作家亲自校核，然后付梓。这充分说明彦火治学之严谨，认真！把这本书作为新文学研究资料，是极具参考价值的。而其真实性与可靠性，是无庸置疑的。故特向读者推荐这本研究当代文学的精品。

（新加坡《南洋商报》，1983 年 1 月 17 日）

第三辑 专论

史料的准确性与评价的科学性
——评彦火《当代中国作家风貌》

□古远清

粉碎"四人帮"不久，香港接连出了两种介绍中国著名作家的书，一是黄南翔的《当代中国作家评介》（香港，高原出版社 1979 年 4 月版），二是彦火的《当代中国作家风貌》（香港，昭明出版社 1980 年版）、《当代中国作家风貌续编》（昭明出版社 1982 年版）。在对中国当代文学了解甚少和研究风气薄弱的海外，能一连出版这三本书，这真是可喜可贺的事。上述相比之下，黄南翔的"评介"写于"文革"末期，具有拓荒的意义，而彦火的"正、续编"，所包容的作家更为广泛，影响也就更大。

彦火的"风貌"独特之处在于：

一、具有强烈的新闻性

由于与外界隔绝多年，许多著名文学家的创作状况及历次政治运动的浮沉，海外读者不得而知。尤其"文革"那一段，像沈从文、钱锺书这些作家是否和老舍一样被迫害而死，均得不到准确的消息。海外报刊虽然偶尔也有这方面的报道，但不是过于简短，就是与事实不符，造成以讹传讹。"但是自从彦火这两本书出版之后，我们的疑惑，都不存在了。如果有谜，这些谜已经一个一个地被解开了。"以艾青为例，他自 1957 年从文坛消失后，人们一直在寻找艾青，等待他的归来。人们对他劳动改造期间有无受到迫害、有无中断创作，均异常关心。特别是粉碎"四人帮"后，他到底还是一个"大右派"抑或已甄别平反，这些无不是谜。在内地读者看来，这个谜早已不复存在，但在海外却不一样。直到艾青已重返诗坛的 1978 年 9 月，香港的"中国新文学资料室"（署名"辛垦"）还在颇有点名气的"神州图书公司"出版了一册《批判右派诗人艾青》论文集。可见艾青这个谜团是到了彻底解开的时候了。

在海外，最先解开艾青之谜的是聂华苓。她和她的先生保罗·安格尔还在 1978 年 5 月就到北京采访了艾青。彦火接着写的《关于诗人艾青之谜》，则进一步详细报道了艾青的过去和现在，给海外读者带来了艾青的一系列新信息，使他们为艾青的健在及还潜藏着丰富的创作力而感到振奋。

彦火长期从事新闻文化工作，他业余时间究研中国新文学，使他的研究也涂上了一层浓烈的新闻色彩。如在《笔耕逾半个世纪的叶圣陶》中，向读者报道了新发现的叶圣陶早年从事创作的佚文，从而把他创作小说的生涯提早了五年。在《与小说家王蒙对谈》中，首次报道了促使王蒙走上文艺道路的，其中有一个苏联作家爱伦堡。

二、史料的准确性

《当代中国作家风貌》虽然有新闻性，但它不纯是新闻报道，而是报道和研究相结合的著作。其学术价值主要体现在史料的丰富和精确。

香港某些著名的新文学史家，只注重论点的新颖，而忽视史料的搜集和鉴别；或注意史料的搜集，但限于条件只好多依赖二手数据，结果弄得错误迭出。如司马长风的三卷本《中国新文学史》，其史料错误之多便为后人所诟病，又如林曼叔等人的《中国当代文学史稿》，把女作家白朗的名字误认为另一男评论家陈企霞的笔名。在彦火的"风貌"中，是找不到男女不分或张冠李戴的常识性错误的。他对自己要求很严格，把史料的准确性当作自己研究当代文学的一个重要目标。

也许有人会认为，彦火写作的时代与司马长风等人不同，他已可以和内地作家直接接触，另方面他又有工作之便。的确，这是彦火的优势，但如果一个人治学不严谨，即使有这个优势仍可写出谬种流传的文字来，这样的"作家印象记"人们已领教过许多。而彦火不同，他为了防止误记，写好后大部分都经过作家本人的亲自过目、勘正。如巴金，在百忙中为其补上《巴金创作年月表》的遗漏部分；萧乾在 1979 年 12 月从美国爱荷华返国经港时，为彦火和香港另一评论家梅子提供了不少有关他创作活动的详细资料，使他们得以编成《萧乾年表简编》。彦火永不满足自己取得的成绩，待到要在台湾出新版本时，他又根据新的资料重新修订，并请作家或其亲属再校一次。如秦牧亲自校订写他的部分，卞之琳又再次补充修订了关于他创作活动的新资料，丁玲的夫婿陈明则为其补充丁玲晚年的创作活动内容等等。正是经过这反复琢磨、修订，彦火的"风貌"才赢得了信誉，使读者对其史料的真实性不怀疑，同时也使海外新文学史工作者使用起来分外放心。

三、评价的科学性

《当代中国作家风貌》并非严格意义上的研究中国作家的学术著作如前所说，它主要以史料的丰富和精确著称，但行文中也参有对作家作品的评价。这些评价字数不多，却很有分寸，如《诗人、翻译家卞之琳》一文，对于卞之琳到底是属新月派还是现代派的评价。再如在《中国诗坛思索的一代》中认为："舒婷虽被称为'朦胧派'诗人，其实她的诗一点也不朦胧，特别早期的诗，明朗可喜。后来的诗风曾略有改变，从早期的鲜明的文字，渐次进入含蓄。"这一段话不仅道出了舒婷诗作的特点，而且还描述了舒婷诗作的风格发展变化的过程。如果彦火对新诗没有深厚的修养，或有修养但没在内地朦胧诗与台港现代诗的比较上下过功夫，是无论如何写不出这段文字来的。又如谈白桦"文革"前的创作时，说这"是一种热情的激动，所以以歌颂为主，加上他是一个战士出身，冲锋陷阵有余，运筹帷幄不足，所以作品带有明显的理想主义色彩，欠缺一种令人回味的浓度。"这种评价非常恰如其分。其实这里评的不仅是白桦，而且评的是和白桦一起沐浴着共和国阳光成长的诗人、作家的长处与局限。

在 70 年代，内地出版的各种现代文学史总是不切实际地夸大巴金的弱点，从而贬低他在新文学史上的地位。作为一个海外现代文学研究工作者，彦火对此异常反感。他写于 1979 年的《文坛之星巴金》，第一个小标题便是《巴金不是"安那其"》，一洗极"左"思潮为巴金加上的"无政府主义者"的罪名，还其革命民主主义者的本来面目。这均体现了彦火的史识。

四、入选作家的包容性

《当代中国作家风貌》正续编所收的作家有 47 位之多，这里大部分是老作家，如冰心、叶圣陶、俞平伯、丁玲、巴金、艾青、端木蕻良、萧军、曹禺、柯灵、吴祖光等。另有一部分是中青年作家，如王蒙、蔡其矫、杜运燮、郑文光、戴厚英、张洁、张抗抗、舒婷等。彦火认为，"这些作家恰恰是中国文坛未来的支柱"，把一部分篇幅留给他们，可使读者看到中国文坛的希望和未来。

在老作家中，还有读者较为陌生的孙毓棠。孙毓棠在 30 年代曾创作过长篇叙事诗《宝马》，为此海外学术界引起过争论，争论的焦点为《宝马》是否获得 1936 年《大公报》文艺奖。现在通过彦火写的《孙毓棠谈〈宝马〉的创作》，使读者更认清了《宝马》的确未曾获奖，并同时了解到孙毓棠创作此诗的经过及后来的去向。像这样的材料，均显得弥足珍贵。不仅对海外学者，就是对内地学者研治现代文学史，也有极大的参考价值。

五、文字的可读性

彦火是散文家。他把自己清丽的文笔用来叙述作家生平，使枯燥的史料骤然变得生动起来。文字的可读性，是使《当代中国作家风貌》一书风行的另一个重要原因。

《当代中国作家风貌》由于写作时未有成书的打算，故给人体例不够统一之感。如果每篇文章后面都能像写巴金、萧乾那样附上作品一览表或年表，那将是功德无量的事。

（《太原日报》，1984 年 2 月 3 日）

读《当代中国作家风貌》的一点感想

□何伟康

努力读潘耀明这本 868 页的原书，有很多感慨，有不少的意见；忆起一些过往，也带来几许辛酸。

感慨，有三个层次：

第一，个人对文革以后的中国文学的了解不多，但所涉及的范围都涌向一个主题：叹冤苦。叹冤苦的方式，大都采用一种温柔的、女性的，委曲之中多少带点儿自恋，又同时迫不及待地要向强权与鞭子表示依恋与认同。这一点粗率与浅薄的了解，发表在我返台之初对淡江大学同学所作的一次演讲："文学的羊，与羊的文学"中。这篇讲稿后来刊在自由时报的副刊上，引起一些朋友的批评，认为我对 1978 年以后的大陆文学，持论过苛，对刚刚"解放"出来的大陆文学生态缺乏同情，敦厚不足，而措意过于锐利。以羊的哗哗求容，概括生郁活泼、富有原创力的大陆文学，并不适当。这个批评则使我生愧，二来也给我一种重新去认识大陆文学的鞭策。这个鞭策，是时常打到我对文学的虔诚上。两年来，匍匐于台湾政治坛咒之秘，埋头于两岸疏滨之急，虽然鞭策频仍，悔愧加深，要重新对自己的疏失加以重耘和再植，碌碌为难。潘耀明平描的写，对当代大陆作家作了一个实实在在的推举，作了一些我想做而没有力量去做的事，表明了对大陆文学和大陆作家的敬仰。如果有人因"羊"文而误导，可由此而匡直；如果为"羊"喻而不悦，可得此而解颜，这份感慨当中，多少也包容了我对潘作的感激。

其次，潘着"所收的四十二位作家"，其中有九位没有读过他们的作品. 得潘耀明的指点，认识到他们的风貌，觉得又多了一些新朋友。在三十三位的介绍中，一方面回味了对这些"老朋友"的认识，也因潘着宽广的角度，而扫瞄到一些原先没有注意到，或还不知道的一些事；同时，也引起一些老问题的重新"搔痒"。譬如潘著 108 页引夏志清评《围城》的话，说《围城》比《儒林外史》那一类小说"优胜"；"因为它有统一的结构和更丰富的喜剧性。"这一点，在我读夏著时，并不很信服其"优胜"的立论。这时三十几岁的钱锺书，意气风发，行文上的藻饰与凿刻，都对《围城》的原创性有伤害。《围城》有游戏意味，不是《儒林外史》到《官场现形记》那一类小说之富有血色。原先以为是钱锺书那种留学生来写留学生，采用嘲讽的笔触，是从英国人那里学得几手铺陈技巧，以致如此，从潘着指出《围城》之凸现人性的弱点，才约略看出钱锺书竟对那时的高级知识分子无聊、贫乏，有一种剥去其层层伪装的意图。这样，点醒了我以前对钱锺书的疑惑，他的问题出在疏于诉情，而好析理，我不了解他为何放弃了"人、鬼、兽"到"围城"的成就感，把"百合心"半途而废。确是"他的小说里太多自己矜（徐　说）的批判，使他钻到牛角尖里去，竟而不得不走上《管锥篇》之路，潘耀明在平实之中委婉道来，也确见识力。平白陈述，其实就是一种批评。

　　年轻时读方东美的《哲学三昧》、读钱锺书的《谈艺录》，信其宏博，惊其卓识，都三十来岁而见真章，觉得真是了不起。方东美此处不说，钱锺书在《谈艺录》序文里，说到"凡所考论，颇采二西之书，以供三隅之反。"实是骈体的套子害了他。自谦"未耄善忘，不醉多谬"，当时三十一二岁的钱先生，也很托大了。1981 年的访问记，钱对《谈艺录》的重刊，觉得没有兴趣，恐怕与他自己在"宋诗选注"所立下的"六不法则"有关，以钱的"六不"来严格的检查"谈艺录"这本文评巨构，要做到他所提供的那种"称心痛改"，实在是强他所难，潘耀明给我们指点了一个讯息，一种豪迈的旁征博引，无论如何把自抑的话说在前面，"自叹颛愚，深惭家学，重之丧乱，图籍无存。"他的《谈艺录》真是很博大，也实在严峻不好亲近，对当代两岸知识分子的轻浮而言，使我们愈发觉得前辈知识分子用功之深，由于潘耀明的费力，使我们这些长时期认识前辈作家的读书人，经历了"30年前，看山是山，看水是水；尔后，看山不山，看水不是水；而今，又看山是山，看水是水"的过程。

第三，就钱锺书的"宋诗选注"来说，看似自立主张，划了一个"六不"的框框，他却为了迁就和妥协，选了一些不必选的诗，而可选的诗，往往不能选进去。即论如此，这本书仍然被选作批判"白专道路"的样品。他在《围城》之后，还写过一些什么，他简直不愿回顾。不愿像狗拉屎一样，总要回头去闻一闻。这种情形，恐怕也和沈从文一样，在解放初期写过一些"统战"的作品，可惜作者在这方面都合而不谈，钱锺书说："一个人在创作时的想象往往贫薄可怜，到回忆时，他的想象力常常丰富离奇得惊人。"饶有探索的余地，恨不得打电话去问潘耀明，为什么不寻根问底，看他指的是那一个作品，为何会有此差别。覆按他对京都大学作过的讲演，提到"开窗"与"开门"的问题，他明显认同采取半开放的文艺政策，到过纽约的作家，像萧乾、丁玲，乃至吴祖光都有过类似祖护中共抓紧文艺的说向，钱的说法，不算特别。他在1980年访美时出尽风头，这年他70岁，全心投入《管锥篇》对中国文史哲作全面的斧削，从易经正义起，到第4册和增订的部分，台北所见到的有1678页的大构。一般以为耐看，钱亦认为他的文章是难上手的女孩子。他认为容易上手的女孩子，叫人瞧不起。他要给人不容易上手的东西，叫人从难处着手。在这方面，区区不免有点惭愧。我吃力地看过他的《谈艺录》，但《管锥篇》买了一年，至今只是翻翻而已，写本大书叫人为难，虽然是贤者高致，亦令人慊慊若有所憾，钱锺书太忽略文学也必要有其亲和力。写《谈艺录》时，标名炫世，当时去"古"未远，大中学生都有读古文的能力，现在大学教授都不读古人书了，以奥义为能，以艰深自富，何有于戋戋读者？

潘著在每一作者"风貌"的把握上，都还欠缺一点有距离的豁现，不能把所描写的共相中的殊相——非常独特的地方拿出来谈，很为他可惜。潘耀明绝不是不知道，因为太仰慕了、太敦厚了、太亲近了，就不免为贤者讳，为禁忌屈，使得我们所见的"风貌"，不免有些朦胧。

台湾有位女作家气势汹汹地对人说："我19岁成名，不知道什么叫谦虚。"这是一种直率的陈述，中间饱涵错误，以之示人，非唯不知分寸，也未免欺人太甚。大陆有的诗人在国际性的聚会上，自称中国过去只有三个诗人，他是第四个。狂妄到不知起码的标准，在衣冠之地，把粗鲁撂给人家，是自己把自己膨胀胡涂了，之所以有这种情形，实在是大家全不知好歹所致。大陆一位诗人，只捡到台湾一本诗集，只在飞机上看过一遍，就洋洋洒洒几千字说台湾诗没有胸襟气魄，灰色消极，小家子气，一竿子打翻一条船。台湾媒体捧一个读鞋底书出身的年轻大陆作家，硬说他深邃老庄，是哲学家，诱惑他误陷美国，无以维生。不适当的评论使人懊恼，也造成不幸。中国文学之没有好歹，盖有年矣，潘耀明先从"好"的下手，很见功夫，但为德未卒，愚意以为有三点可以淬炼：

第一，可以把选出的作家，一一在比较上凸显出来。

第二，还可以加大这个名单，建立一个入选的标准来。

第三，应该附录写作年表，最好由作者本人跋注。

这几点意见，实是慨乎言之：1985 年在北京电视上看到沈从文对着镜头说："我不是知识分子，我不是知识分子……我是半知识分子。"一下子抹去我想去拜访他的念头，好多看法想法都会被调整，有好些意见，都因为近年来伤筋动骨的大翻腾，使得我选择自己的意见时，总要做一番很痛苦的条理，虽然如此，我仍然企盼潘耀明这个工作陆续作下去。夏志清的"中国现代小说史"以后，一直没有人肯做这类培根的工作，我们自居大国，在这上面的评鉴实在汗颜，希望有更多的潘耀明，来做更广阔、更严谨的杷梳的工作。

很想费力来探讨文学，很愿意用更多的时间，精力在这方面做一些奉献。张洁说她"九死而未悔"时，我想起丁玲从北大荒以手指垦地的余生，她说她永远爱着"党"。我看潘耀明这本大书时，总觉得一个个都有双凄然相望的眼睛。

（台湾《文讯》，1990 年 8 月 6 日）

枫杨与野草的歌

□ 克 亮

《枫杨与野草的歌》是彦火最近在福建人民出版社出版的一本散文集，内中收了作者近年来发表在报刊杂志中的散文创作，共有六十一篇，约十五万字。

由于文章的类型、性质和题材的不同，作者在结集时分成四辑，计有《感之弦》两辑、《感之什》和《读之札》各一辑。

书的内容，正如作者在"代序"的《偶感》里所自白："所收的文章，有发端时事的杂感，有读书札记，有抒情散文和小品。不论是杂文或抒情小品，大都是直抒胸臆的，有所感而发的，是心灵的律动，是外象所加给感情之弦的颤动。"

细读书中的文章，发现作者是一位感情丰富，对周遭事物特别留心和思考的观察家，加上他是勤于阅读和钻研写作的作者，难怪能写出已具有他自己风格的散文。

作者的语文基础甚为深厚，所以用字遣词颇为清新优美，别具风格。《感之弦》的抒情散文，虽然是生活中很平凡的题材，但作者体验深刻，观察细腻，思想敏锐，写风、写雨、写雾、写自然的现象等等，也能表现出状景咏物的美感和寄寓的深意，丝毫没有一般文艺的俗套，可见作者对于散文这种文体曾经下过工夫。书中有一篇《浅谈散文》，正可反映了作者对散文的热爱和钻研的深入。他从中外已有成就的散文家中，汲取各家所长，作为他写散文的原则。譬如散文的特点，除了生活基础和辞藻的经营外，内涵也是重要的，而"个性"更是散文所不能缺少的要素。所以丰富的生活感受、真挚的感情和新鲜活泼的文笔，是写散文所必须具备的条件。这是作者研究散文的心得，印证在他的散文里，的确已经实践了他的原则。

彦火的散文，大都是"心灵的律动"，这种律动要引起读者的共鸣，非有真挚的感情，精美的文彩，富有启发性的哲理等等不容易达到目的，可是彦火在这本书中，他都能做到，他把平凡的事物写得亲切感人，他那优美的文字，充满诗情画意，这种风格的文字，最适宜于写心灵律动和表达感情的散文。其实书中那些有感而发的杂感小品《感之什》和读书随笔的《读之札》的文章，也是很出色的散文。作者说他的写作是工余闲暇的产品，很多时候是在匆迫的情况下急就章而成，大有别于学院派的文章，所

以书名权称为《枫杨与野草的歌》。他所指的枫杨是野生于山间溪谷的野树，正如荒郊的野草一样，是大自然的产物，经得起风雨霜雪，可以睥睨尘世，但是它与人们的关系还是密切的，枫杨的木材可以做火柴枝，也就是给人们光和热。作者这本散文集，也许会给读者一些什么吧。

(香港《明报周刊》，1981 年 11 月 1 日)

海隅的一束鲜花

——读彦火《枫杨与野草的歌》

□黄贵文

一口气读完彦火兄的新著《枫杨与野草的歌》，恍惚刚刚喝过一杯芳香扑鼻的醇酒，醉意微醺，回味无穷。正如郭风在该书的"序"言里所称道的，彦火的散文"好像在一片干燥的沙漠里，有新鲜的花朵开放了。"

该书由福建人民出版社出版，即将抵港由三联书店发行。全书分成《感之弦（一）》、《感之弦（二）》、《感之什》、《读之札》四辑。包括六十余篇发端时事的杂感、读书札记、抒情散文和小品。各篇内容富有浓郁的生活气息，饱含抒情的笔调，洋溢真挚的情感！

彦火以写散文著称。他说："一篇好的散文，应该具备有简洁而流畅的文字，深刻而丰富的涵义""散文要像流水一样活跃，流云一般的挥洒。"（见《浅谈散文》）这是他的经验之谈，也是他在散文写作实践中所遵循的一个准则。

彦火的散文，已形成自己独特的风格。《枫杨与野草的歌》，处处洋溢着诗的情调、诗的语言、诗的韵味，因而能够紧紧地扣住读者的心弦，让读者引起共鸣。他的散文，无论是寓情于景（《残阳如梦》、《山中雾》），抑或是寓物寄情（《雨伞》、《新的月份牌》），都能把生活、情感与哲理凝聚在一起，不仅给人以艺术感染，还能叫人得到启迪。笔者极其欣赏《雨伞》一文。作者张开想象的翅膀，写到雨伞是人们风雨中的恩物，但在雨过天晴之后，人们又会很快把它忘记了，从而赞美那种"功成身退，但到了患难的关头，又挺身而出，焕发青春"的人。这里，作者表面上是赞美"雨伞"，实际上是赞美生活中这种高尚的人！又如《生命的绿意》，作者从一株影树的盆景联想到抽象的艺术；从树木的生命联想到人类的生、老、病、死是自然界的规律。作者认为，人类与植物界一样，"也有一些特强的生命力，虽老迈而从不衰朽，在他有生之日，便要闪烁着青春的火花。"但无论是植物界抑或人类，"都要有一个适切的范围和气候才可办的。"这些是包涵生活的哲理之词；看来是写树，其实还是赞美人类的智慧。

一篇散文，倘若缺乏作者的激情，则味如嚼蜡。彦火兄正是注意到这一点。他不纯作风花雪月的抒情，而是立足生活，以豪放、激越的感情，歌颂生活中美好的东西。他说自己的创作灵感来自划开火柴的当儿。足见他追求光明的事物。他与劳动者同呼吸，热情赞颂栽花的人，也就是赞颂栽花人那种"种树不乘凉，栽花不自赏"的精神！

近年，作者在内地对不少作家进行专访，写了《当代中国作家风貌》。在本书里，也有若干篇作家浅谈及读书札记，言之有物，评论中肯，颇具可读性。如《艾青诗选》，作者热情赞扬艾青的礁石精神，那就是"面对逆流，岿然自若"。《没有倒下的作家》表达了作者对久已景仰的巴金的深挚的爱戴与炽烈的情感！作者对巴金夫妇在十年动乱中的不幸遭遇，寄予无限同情，并从心底疾呼："一个万人敬重的作家，在自己曾付托深邃的爱的土地，却连自己的妻子性命也保不住，这是什么世道？"这是对祸国殃民的"四人帮"的有力控诉！

彦火兄的祖辈侨居菲律宾。近年他曾有机缘在菲律宾的怀抱里度过二十个日夜。回来后他写下了多篇感人的印记。有的叙述了菲律宾岛国的历史演变、介绍了菲律宾的民族文化（《菲律宾的民族文化》）；有的描写了旅居菲律宾的华侨那种爱国思乡的深邃感情与动人事迹，以及菲律宾民族的民情风俗（《游菲零拾》）；有的表达了作者对菲律宾的怀念（《千岛之国的怀念》）；有的记录了作者在千岛之国风雨之行，蕴含着浓厚的生活情趣（《风雨行》）。

本书各章，篇幅短小，文字凝炼。即使是写游记，亦能精心选材，语言干净利落，绝不一泻千里，不可收拾。如前面提到的《风雨行》，文章虽长，但结构上分成短小精悍的十四节，娓娓道来，琅琅上口，乃属精雕细刻之佳作！

彦火自十岁跟随母亲从福建家乡来到被喻为文化沙漠的香港，1966 年中学毕业。无论从他的年龄、学历，或者从他的生活阅历来看，他的写作才能与文学修养，都是颇为难得的。这说明一个作家的成长，自身的素质、聪慧、勤奋，是主要因素。这是在下读了本书，陶醉于难以言喻的艺术享受之中所产生的联想。

（香港《新晚报》，1981 年 11 月 6 日）

荒漠之绿叶

□陈子伶

彦火是香港作家。香港虽被视为繁华之地，但是身在其中的像彦火这样的作家却没有目迷五色，而在寻觅美。最近出版的他的散文集《枫杨与野草的歌》证明了这一点。

彦火向往没有被"污染"的自然。他"直奔维园的草地"的蓦然冲动，便油然而生。在《一片草地》里，作家赞美维园草地是"自由的王国"。在这绿色的国土上，有着仲夏之夜缱绻的恋情，有着母子天伦之乐曲。自然与人性交融。人的天性得到自然发展，自然得到人性的抚慰。然而作家没有沉醉。他踏着青青草地，享受美的自然之乐趣，只是因为："这片草地，就像市廛的人间乐土，没有戾气和奸佞，只有蜜意和柔情。"这是被生活之浪追逐的人的一种情绪，想摆脱都市的嚣尘，挣脱市廛的羁缚。尽管这或许是都市人的一种悲哀，但他追求美的自然，亦是对人生之美的追求。而作家对这么小块净土的赞美，却是个中生活的人才有的。

但也因此，作家很赞赏"栽花人"精神。

散文《栽花的人》，颇含点哲理，它写个无名的佝偻老人，在公共地斜坡上栽了一株白兰和铁树。这两株幼树，像两个伶仃的孤儿，得到老人悉心照料。待到两株树苗壮成熟，白兰花香随风溢荡时，却再不见栽花的老人了。这位老人是无私的：不获享受，但问耕耘。作家从这位老人身上，提取了"种树不乘凉，栽花不自赏"的美德，称之为"栽花人的精神"！这种精神，远居攫物为私、荫及子孙的世俗观念之上，自然在这世情浇漓的商业化社会里更加可贵了。与此相关联的，这篇散文发掘出栽花人精神的另一底蕴。即像这个佝偻的老人才"是真正的爱花的"，因为"花"非天外之物，而"是来自大地"，"他将它还之于大地。"但是自古以来如此人能有几许呢？正因为那位老人有如此品行，才可能有不据私自赏的精神。当然，看到这个"栽花人"，很能使人想起鲁迅《一件小事》里的人力车夫。这两个人物精神上的联系，也可推测作家这篇散文受鲁迅的影响。

由于作家勇于对美好的追求，一把《雨伞》也能触发灵感，使他几乎习惯地又面向社会。他这样写道："功成身退，但到了患难的关头，又挺身而出，焕发青春，在这个功利的社会，这是不可多得的美德。"

彦火这几篇散文，从外入内，从一片草地，一把雨伞，一个老人无言的行动，带人们到那个繁华而使人烦恼的现实世界。

彦火散文创作是在走一条现实主义之路，是显而易见的。像彦火这样严肃地对待文学创作，十分难能可贵。这确需一个正直人的勇气。这几篇散文，最低限度也说明：在号称"文化沙漠"的大都会里，有严肃的作家在。他们是荒漠里的绿叶。

（《读者杂志》，1982 年第 5 期）

细致·精彩·抒情

——《醉人的旅程》读后

□思 远

　　游记文学并不是文学领域的新品种，但游记文学的兴旺蓬勃，却是现代化交通工具被普遍采用后伴随而来的新气象。如今，只要我们的阅读范围稍为广一点，便不难享受到"纸上游"的种种乐趣。好的游记，不但可以增长我们的知识，而且可以拓展我们的胸襟，所以，读者越来越多。为了说明这一问题，本来可以举出一系列的例子。但是，倘若仅道其一足以证实，又何必累赘呢。我想摘作"式样"的是广东花城出版社去年十月出版的彦火新著《醉人的旅程》。本书是"旅伴丛书"之一，共分三辑。第一辑"岛国风情"，写的是作者到"千岛之国"菲律宾探亲时，在那个"充满色彩的国度"体会"温馨的人情"、"茉莉花的友谊"的动人历程；第二辑"扶桑鳞痕"，则是作者在"日出之国寻觅艳丽的阳光"，深入观察日本民族的习性，衷心极受感动的记录；第三辑"湖山走笔"，完全是"回自己祖国获取大地的慈爱"的一瓣心香，流露了对母土无比崇敬、对画山绣水顶礼膜拜的心迹。

彦火曾经是个记者，有一段时间，由于工作关系，他经常有机会在大江南北之间作万里畅游，因此，他的散文创作起初几乎是以游记为主的。1972年和1980年，这方面的作品分别由港青出版社和香港文学研究社辑成《中国名胜纪游》及《大地驰笔》二书印行。这本《醉人的旅程》是他的第三部游记选，除了少数篇页选自旧作外，绝大部分是近年新作。按创作时间先后排列，大致是"湖山走笔"最先，"岛国风情"居中，"扶桑鳞痕"殿后。可是作者却把新作置于全书中部，我猜想，他自己一定对它们有所偏爱，实际上，笔者也和写序的苏晨先生一样，觉得这一辑最能代表作者游记创作的新成就。这所谓"新成就"有些什么特征呢？我们最好还是引作者自己的心得加以说明。彦火最近在《浅谈旅游文学》这篇短文里说："深入穷探是写游记不可或缺的因素。"他主张，写现代游记，得注意以下三点：第一，要有细致的观察，作者的眼睛应如一架三棱镜，析出生活的五光十色；第二，要善于提炼、剪裁，"才能组成一帧生趣盎然的图画"；第三，"写游记是要用真感情的，把旅游之中印记最深邃、最鲜明的感受写出来，而这种感受不是地图式的既可以借物言志，也可以借物寄情……"（见《文汇报》1982 年 3 月 21 日《文艺周刊》）把这些话归纳起来，便是：要细致、情彩、抒情。"扶桑鳞痕"里的不少篇页，都达到这样的要求。唯其细致，故短短数天的逗留，彦火便能抓住日本人民的许多美好质量。诸如：刻苦、勤奋、守时、有礼、肯负责、尚团结……——援引生动实例，娓娓写来，使我们霍然憬悟：这个资源不多，近百年来又遭遇挫折的岛国，为什么能够在不长的时间内一跃而为经济强国。苏晨在《序》里点出，彦火笔下的这部分内容往往能唤起我们的遐想，给我们一些借鉴的启示，我以为是颇为精确的。此其一。其次，唯其精彩，故无论这一辑的前半部《灵的抒描》也好，还是后半部《速写东京人》也好，段段篇幅精悍，可读性却很高。笔者与之接目，脑际很快就浮现一幅幅清晰可爱的异国风俗画。每个画面是那么富于人生的情趣、富于友谊的芳菲。拿这些作品，与第一辑里许多写友谊亲情的同类文字作一比较，不消说，前者的魅力要强烈得多。这一事实，再次证明：即使在游记的领域里，复述生活、再现场景的角度、焦点的斟酌也是不容忽视的。如果说，彦火以往的记者生涯曾经给予他的文学创作以相当帮助的话，那么，上述这一点，倒真是最切近的证据了。至于说到笔下应带真情，则我只想补充这样的一句话：唯其抒发了作者的真情实感，故《扶桑鳞痕》中绝大部分的作品，虽然与彦火其它游记比较起来，最少华丽辞藻，却有着更多的诗情画意。特别是"灵的抒描"一组，使我在掩卷之余，仍觉韵味盈胸。

除了上述特色之外，我还想指出彦火游记这样一个"可取"之处：即：对于题目的刻意经营。据我所知，彦火的写游记时，曾受中国现代游记名家易君左先生作品的影响，易先生就竭力主张每一篇游记都应"好好地装一个题目"，彦火心仪其作，自然不免有所师承。它的痕迹在第三辑"湖山走笔"中最为明显。后来由于渐具自己的风格，易君左式的标题少见了，但精神犹在。有趣的是，对比起来，三辑之中，也还是第二辑的文题（尤其"速写东京人"一组）最多变化。在这一点上，也显示了作者近期的进步。

自然，《醉人的旅程》也有缺点，正像苏晨先生说的，有些篇页写得稍嫌浮泛、少变化，我在这里，还想补充一点，有些篇页，剪裁不尽完好，雕琢之痕太多，用词倾向虚华，含蓄不足。受了彦火本书一些优秀片段的启发，我突有奇想，游记除要写得有诗情画意之外，是否还可以容纳一些更深远的理趣，使之更耐咀嚼，有更长久的生命力呢？彦火是年青而资深的游记作者，笔者把这个"奇想"记在这里向他请教。

（香港《文汇报》，1982 年 3 月 26 日）

个性与新意

——彦火的《醉人的旅程》读后

□余 澜

一直感到游记不容易写，如果作者不是慧眼独具，没有独到的匠心，不要说是一般的旅游，就算有较长时间的盘桓，也难以扑捉景色的特点，人物的心灵。当然，引用数据，泛泛而谈的游记，并不太难；但那种平面而没有新意的内容，往往无法引人卒读。只有拥有个性的游记，才会让读者读来津津有味，但这要下很多功夫，花许多心血。笔者觉得，那是一种培养作者敏锐的观察力、丰富的同情心和准确的表现力的过程。而最近由广州花城出版社出版的彦火的游记《醉人的旅程》，笔者以为基本表现了客观的共性和作者的个性。当笔者掩卷沉思之际，脑海中并不是只留存山水的模样，更重要的是跃动着人物（包括作者本身）的神态；让山水的"静"衬出人物的"动"，于是整个游记便在笔下飞动起来。彦火就表示过："大自然的景物，并不只是灰冷的岩石，或者一泓死的水，相反地是鲜活淋漓、玲珑凸现、缤纷七彩的，所以人们的一双眼睛应如一个三棱镜，可以析出各种元素出来，这与细致的观察有关，因为只有这样，才能透视大自然最本质、最引人入胜的东西。"（《浅谈旅游文学》）

《风雨编织的故事》写的是特大台风横扫菲岛之际，作者从碧瑶返回马尼拉的一次"历险"。像这样的走难式的经验，一个人未必能在一生中遇到一次；当平安渡过之后若干时日再回想起来，也许会感到一点余悸，而那风雨路途中的点点滴滴，又会变得格外亲切；"于我来说，那次的风雨行，充实比失落更喜人，因为，风雨中编织着许多美丽而动人的真人真事。"彦火一起笔便点题："如果风雨花是象征经得起考验的友谊，如果友谊之花是在风雨中绽放的，那么，我的菲律宾之行的背笔，就载满一筐的风雨花。"单枪匹马在桥塌路毁，村庄没顶，一片汪洋异乡左冲右突。那种悽惶，可想而知；但作者并不是着重于这一点，而是以这背景作衬托，突出了萍水相逢的老妈妈的友情。横行的风雨是冰冷的，系着水红色披肩的老妈妈的热心是温暖的，"我像遇溺人抓到一根草，亦步亦趋，衔尾跟着老妈妈。"作者的依赖与感激之情，表露无遗；另一方面，也为结局的突变起了铺垫作用："最后走到一个小墟市，旅客与灾民汇混在一起，那水红色的披肩已被卷没于汹涌的人流，恁地怎样寻觅，也是人影杳然。但那干瘪如苍竹的躯体和那动人的水红色披肩，却像电影中的凝镜，一直显现印象之幕上；没有消逝，也没有远去。"老妈妈来得突然，去得也突然，她只不过是作者在旅途中偶然邂逅的一个人罢了，然而确是那样令人难忘。

如果说，《风雨编织的故事》是以写人为主的话，那么，《庐山组曲》则是以写景为主。彦火将庐山分为雨、雾、山、水、路、树、花、茶、松、竹、石、园、湖、昏、夜、牯、麓，共十七个方面加以描写，令笔者惊异于其观察之细微及归纳之有力。庐山作为名胜，写过它的人不知有多少，想要不落俗套，谈何容易。彦火以捕捉神韵为主，对庐山的景色的各个侧面，或实写或虚写，合在一起，就让人对庐山的真面目有一个大体的认识。这种写法要求作者对于描写的景物本来就胸有成竹，同时还要有新的发现；《庐山组曲》写得这样轻灵而具有作者的个性，并不偶然。

比起《岛国风情》和《湖山走笔》这两辑来，笔者也是更倾心于《扶桑鳞痕》这一辑。在这一辑里，彦火用朴实而动人的文字，记下了日本某个侧面的风情画。由于字里行间跳动着一颗火热的心，感染力相当强。《望海的女孩》是由一张照片而引起的在彼邦的片断回忆，这样的开头很容易让读者产生共鸣。因为不论一张陈年的照片也好，一首古老的歌曲也好，总是最能够拨动人们回忆之弦的媒介。在《那夜·风吕》中，作者写具有日本风味的澡堂，也写作者本人洗澡的窘态，妙趣横生，相当传神："一个娟好的少妇坐在上面，高踞临下。黄兄说，这个柜面分掌两部分，一部分是这边的男浴室，一部分是隔壁的女浴室，少妇的位置就在男女浴室分水岭的首端。高大的柜台划出阴阳两个界限，少妇无疑是跨立在阴阳界上的怪物。""……我只得一边脱衣服，一边拿眼角偷窥着那少妇。少妇大抵觉得我的举动有异，略瞟了我一眼，便专心致意地去抚弄她膝上的小狗。我还是不放心，拿一条毛巾遮掩着两股之间，与黄兄他们急不及待地推开了一道玻璃趟门，进入烟雾弥漫的浴池。……"在描写作者尴尬情态的同时，也把日本澡堂的风光间接反映出来；既有主观的个性，又有客观的共性，可说是一石二鸟的写法。而作者的感觉也一直在变化，"打从我呱呱堕地开始，还是第一次在十几个人面前袒裼裸裎，赤条相见，初起不免有些不自在，渐渐便也觉得没有什么了不起，再后来觉得这种返乎自然、了无牵系，有一种鲜活的、难言的痛快了！"这末尾的顺应"潮流"，颇有点在心情上峰回路转的趋向，"恍然日本人为什么那么偏爱澡堂了！"在《更添情意的藤泽》中彦火这样比喻藤泽市的鹄沼海滩和江之岛："每一个地方，如果有海和水，仿佛人的一双眸子，是流盼的、多变的，便增添了一份妩媚和灵秀之气。"但他写景是为了渲染，笔力重点都落在聂耳纪念碑上去了，"只有坚强的人，才能对残忍的命运微笑！""那天，我们跑去瞻仰聂耳纪念碑，没有携带鲜花，我们觉得鲜花太平凡了，我们来到耳形的纪念碑，只带着一颗虔诚而火热的心。"敬仰的心情，跃然纸上，也深化了主题。

本书中也有某些较早期写的篇目如苏晨在序言中指出的那样："景物描写变化嫌少，写来写去多不出友谊二字……"也许值得彦火极力避免。这难度当然很大，但从他写日本的那组近作中，笔者以为，彦火已经有了新的突破，他的努力效果，也由此可以获得证实。

（香港《新晚报》，1982 年 4 月 13 日）

山水一程

□张文达

潘耀明（彦火）兄的结集——《那一程山水》由台北皇冠出版社出版了。书名典出纳兰容若的名篇："山一程，水一程，身向榆关那畔行，夜深千帐灯。"切合内容。

其中有一篇是潘兄到达芝加哥机场时的困境，答应接他的妻舅不见踪影，后来才知道这位妻舅正在热恋之中，迷头迷脑，连接机也忘了。潘耀明兄写道："所谓经一事，长一智。由这次教训得出一个经验：凡热恋中的男女，其一言一行切不可轻信，轻信者必自食其果——当我捧着这枚苦果，后悔兼顿足也来不及矣。"

教训使我同情，但潘兄所得出的经验则有以偏盖全之嫌，所有"热恋中的男女"必定会表示抗议。不过，我虽认为有以偏盖全之嫌，但我内心却是同意潘兄的经验的，特别是年轻的热恋中人更是昏头昏脑，不知天地为何物，更不用说别人的闲事了。鲁迅先生曾谈到一个年轻人的"人生观"：世界上的人都死光，只留下他和他的恋人两位，还有一个卖大饼的。这个例子足以证明潘耀明兄经验之正确，以后我碰了热恋中的男女决不和他们打交道。

潘耀明兄才思敏捷，文笔优美，这本结集中的一篇题为《山》的散文，极见功力。

（香港《新报》，1991 年 1 月 22 日）

跟彦火走那一程山水

□佚 名

彦火，是香港文坛一位活跃的作家，他是既编又写的。他目前担任着《明报月刊》总编辑的职务，每天的工作十分繁忙。工作之余，他一直没放下那支秀丽多彩的笔，一篇又一篇地写他的散文。

他已出版的作品有：散文集《中国名胜纪游》、《枫桦集》、《大地驰笔》、《枫杨和野草的歌》、《醉人的旅程》、《爱荷华心影》、《海外作家掠影》等。文学评论集有《当代中国作家风貌》。他的作品不仅在香港和台湾出版，而且还在大陆出版，大陆读者对他也不陌生。

彦火先生最近出版的一本书为《那一程山水》，由台湾名小说家琼瑶的先生——平鑫涛开设的皇冠出版社出版。这是一本游记散文。

全书分"旅美浮雕"、"扶桑鳞痕"、"岛国风情"、"湖山走笔"四大辑。从美国爱荷华菱芊的玉米带、旖旎

第三辑 专论

清秀的日本江之岛、阳光绚丽的南国，写到华夏大地仰之弥高的泰山。彦火先生深入探究的写作态度，和个人独具的文人性格、气质，为山水好景平添了一份浓厚的真情，是近年来少见的游记散文佳构。

　　游记好写，但写好却难。因为一般现代人，因着时间的不宽裕，更因着心灵的不自由，总是心气浮躁，利益牵挂，虽置身于大自然的美好山水中，仍一心挂念着股票、红利、红包、提级，入宝山而不识宝，对美山美水视而不见。稍好一些的乃只是走马观花式或浮光掠影式，看到的只是表面浅显的东西，写出来的也只是流入地图介绍式的平面文字，不耐读，不足观。

　　彦火先生因着他深厚的中西文化根柢和素养，更因着他对山山水水抱着一种"登山则情满于山，观海则意溢于海"、"情用赏为美"的情致和态度，所以笔下的山水就有情、有致、有悟、有感了。

　　观彦火先生的《那一程山水》，可以看出他是位感情丰富、悟性很高的人。他不追求奇山奇水、异人异事，在平常的山水和平常的事物中，态慧眼独具、灵心顿开，在平常中悟出不平常的情理来。因此读他的游记就感到很亲切，很实在，也很接近，常常有"这样的事和山水我也见过，我也好写啊"的感觉产生。好的文章就是能引起读者不由自主的联想，激发读者参与创造的意识。

彦火先生说，写好游记态度很重要。首先要有"中外旅行家都有的一种寻根探源的精神"，同时"一双眼睛应如一个三棱镜"，"透视大自然最本质、最引人入胜的东西"，然后，笔下要带感情，要经过艺术提炼。

　　世界旅游业发展到今天，已是十分蓬勃发达了，旅游文学应是大有可为的。让我们跟着彦火先生走那一程山水，或者，就从原地出发，先从我们海南岛的山山水水写起吧。

（《海南特区报》，1992 年 4 月 25 日）

第三辑　专论

生命的长流

□李 悦

也许因为杂志的编务烦忙吧？彦火兄停掉了报上的专栏，也有一年多了。

每天在报上看相熟朋友的文章，已成了一种习惯，大家虽然不常见面，但天天看到彼此的文字，又真有"若比邻"之感。一旦有朋友搁笔不写，便难免若有所失。

因此近日见到彦火的新书《生命，不尽的长流》，竟有点故友重逢的喜悦（虽然我们还经常见面）。

彦火兄醉心文学，又擅于交朋结友，在文化圈中人面之广，与活动能力之强，向为李悦所佩服。特别是文学在今天的中港台社会的功利主义气氛中，几乎可说是挣扎求存，他却不断地努力推广耕耘，这份热情，实在难能可贵。

这本《生命，不尽的长流》，正是彦火最为擅长的有关文化艺术的文集，但与他从前几本书有点不同的是，在谈论文学界的人事与作品以外，也多了一些社会政治与哲学方面的内容，可能主编杂志的工作，驱使他从更多方面思考世情吧。

　　书中最主要的两部分是"生命，不尽的长流"与"历史与文化的反思"，前者是彦火一贯的文人随笔，后者则较多倾向于政治历史与文化的思考，里面的文章大概写于天翻地覆的 1989 与 1990 年之间，可以看到政治的浪潮对彦火的震撼。

　　在这里，我看到了一颗苦苦思索的心。

（香港《星岛日报》，1993 年 2 月 13 日）

文人学者的风貌

□林 泂

　　潘耀明兄在本报写的专栏——《芦苇下》已结集出版了，书名——《生命，不尽的长流》，这是一本好书，我郑重推荐给我的读者们，读之必有所得。

　　我定居香港近十三年来，有了几位谈得来的朋友，潘耀明兄其一也。他是一位地道的读书人，扎实的读书人，不尚空谈，埋头苦干，而交游广阔，所交者亦皆读书人也。

　　潘耀明兄在题为《蜕变》的代序中提到他离开工作了十余年的文化机构，去主编一份历史悠久的综合性杂志《明报月刊》时："当我的这一决定成为事实后，颇引起一些风风火火的非议。这些非议不乏好事之徒的揶揄和冷讽，甚至见诸文字，颇引起一些好心的朋友的担忧。"

　　这真使我大为奇怪。香港每天不知道有多少人换工作，有什么可揶揄和冷讽的呢？这恐怕是好事之徒的"特种情意结"罢！好事之徒也真多。

还是不理这些罢。作为一个执笔为文的人，最重要的是认真写作，对读者负责。潘耀明兄就是一个认真写作的人。他在整理这部书稿时，"我倏地有一个强烈的感觉：生命是有尽的，但与这个时代一同煎熬的文化人和文艺家，他们的文章道德，却是永存的，将成为人类的瑰宝一代代流传下去。所以，对这一群可敬重的人，生命，是一条不尽的长流，绵绵不绝地给后人予启发、省思。这也是本书名的题旨。"

潘耀明兄和当代不少文化人、文艺家、学者都有往还，书中的这一部分，用精练的笔法写出了当代著名文人学者的风貌，其中我特别有所感的是钱锺书先生。

钱锺书先生，当代负盛名的学者，《管锥篇》乃传世之作。但钱先生的夫人杨绛女士说："锺书对自己的少作很不喜欢"，坚决不同意编印出版。钱先生曾对潘耀明兄说："有些作家对自己过去写的文章，甚至一个字、一段话，都很重视和珍惜，当然，那因为他们所写的稿子字字珠玑，值得珍惜。我还有一些自知之明。"对此，我们实应深思。

（香港《明报》，1993 年 3 月 15 日）

彦火的新文集

□ 曾敏之

接到彦火兄寄来的新作《生命，不尽的长流》，颇有共鸣的喜悦。

所谓共鸣，就是于专栏中对文史的品味，对文坛的状况等，彦火兄的兴趣与我是相似的，因此他以专栏的散文小品集成专辑，是可喜的收获。

彦火以散文见长，也以熟谙文坛人与事见知于文化界。他写的文章有一个特点，具是非之辨，具良知之忧，不论评骘人物，剖析事物，都能坚持这个特点。他自己也坦然说明："生命是有尽的，但与这个时代一同煎熬的文化人和文艺家，他们的文章道德，却是永存的，将成为人类的瑰宝一代代流传下去。"

正因为秉于这样的信念与认识，所以他能为许多正直之士受到不公正喷在他们身上的血污，以明辨是非之笔为之一扫。

文集中还有隽永的抒情，开拓认识的文章，由此也反映了彦火文笔的修养，涉猎的广博。

值得玩味的是彦火写在文集前的代序《蜕变》，他毫不隐晦地向读者陈述他蜕变的因由，虽然蜕变曾引来"风风火火的非议"，可是当他面向马尔代夫大海的时候，他憬悟过来了，"生命是恒在变动的，为了不愧对明天，他终于不惮于蜕变。"序文写得真情流露，勇气可嘉。

（香港《华侨日报》，1993 年 4 月 19 日）

可读性甚高的文艺家印象记

——小评彦火的《旷古的印记》

□古远清

去年到香港访问，拜访了神交已久的彦火。他一下送我《那一程山水》等三本大著。最近，他又给我寄来他的新著《旷古的印记》，使我暗暗吃了一惊。心想这位担任《明报月刊》总编辑的大忙人，编务繁重，应酬且多，再加上别的专题写作，即使他不吃饭不睡觉，也难得有这么多副产品面世。但香港作家就是有这样的本事，那怕身兼数职，也要在深夜笔耕结出硕果。彦火的拚命写作精神，再次向我证明了这一点。

彦火是写"作家印象记"的老手。先后出版过《海外作家掠影》、《焦点文人》、《当代中国作家风貌》。这些书问世后，海内外反响强烈，书评界备加推荐。欧美许多大学图书馆里均有购藏，有的还被翻译成朝鲜文出版。他这次出版的《旷古的印记》，题材更为广阔，内容更为丰富，除"作家与文化人的天地"外，另有"艺术家与艺术的世界"，还有"佛学与人间的菩萨"，内容为佛学与人生关系的省思，这均是过去同类书没涉及的。

　　写作家、艺术家印象记，对一些从事文化报道的新闻记者来说，是轻车熟路的工作。他们常常是在饭桌上与被访问者一边吃、一边聊，然后便凭记忆草率成文。结果发表出来后，被访问者觉得违反了他的原意，或史料有误，弄得他叫苦不迭。彦火的作家、艺术家印象记与这种写法完全相反。由于他本身是中国新文学史研究家，因而他十分注意史料的真实性与可靠性，道听途说的一律不写，常常是登门拜访与被写者详细交谈，写完后又邮寄本人亲自过目核实。因而从事中国现当代文学教学与研究工作的人，均十分放心大胆用他书中的资料，彦火采访的资料，其中不少还是独家新闻。像《探望弥留的俞平伯记》有不少细节均是首次披露。如果有谁要写《俞平伯传》，此文无疑是必读的参考数据。再如巴金的《随想录》是否是完全"讲真话"的书？巴金在宣称"讲真话"的同时有没有讲过言不由衷的话？海外学者对此是如何评价的？内地的巴金研究专家，对这方面的情况均掌握得很少。而彦火的《巴金的假话与真话》，正好帮助大陆学者和广大读者解开这一疑团。写此文彦火不是单纯的猎奇，而是有自己的独特判断。他对巴金是了解的、信任的，与某些人凭空猜测、妄下断语有所不同。

彦火的文章不仅具史料价值，还具学术价值。他无论是写作家还是艺术家，字里行间往往包含有他对这些文化名人成就与局限的扼要评价。如《陈映真的知性与感性》有这么一段话：台湾作家"陈映真的小说和文艺评论最为突出，政论是较弱的一环。由此观之，陈映真更属于文学的。"这一评价，是彦火在阅读了陈映真大量作品后得出的结论。这一结论，是如此符合陈映真的创作实际。正是基于这一点，他对陈映真从事政治活动后很少有作品问世感到婉惜。又如《勇敢的陈若曦》一文，其"勇敢"二字便是对这位女性作家人品的极好概括。文中还说"在大是大非面前，陈若曦是十分理智的。"这并不是从陈若曦的"脸部表情"上读出的，而是从陈若曦的复杂生活经历中提炼出来的。彦火不愧为大陆、台、港暨海外作家的知音，难怪不同派别，不同信仰的文化人均愿与他交朋友。

在《旷古的印记》中，我最喜欢的是写台港暨海外华文文学作家的文章，其中除前面提及的《勇敢的陈若曦》外，另有《柏杨张香华的天地》、《李敖的书房》、《不错的张错》等篇。彦火写陈若曦，不仅准确、生动地为这位女作家描绘出一幅速写像，而且写出了她不趋炎附势、盲目追随潮流，具有独立见解、独立人格的一面。没有从意识形态出发把陈若曦简单化，彦火写出了一个复杂的、有个性的海外作家。"天地"一文用对比手法写柏杨、张香华的不同性格，不同文学成就，可读性甚高。写李敖那篇，不从别的角度而从书房切入，可谓是蹊径独辟。《不错的张错》，从纠正以讹转讹的文坛轶事谈起，再谈张错的文学观及其文学成就，还兼及他带有传奇色彩的生活，这都是外人很少知道的"秘密"。他不采用传统的罗列年代、生平著作表的写法，而用生动形象的文字表达出他对张错生平的感知和创作道路的理解，在表现方法上无疑具有创造性。彦火本是散文作家，他用散文手法记载海内外著名华文作家、艺术家的逸闻趣事、心迹、浪漫追求及其人生悲欢，不仅使读者对海内外华文文坛有所了解，而且还得到许多新的智慧和启示。读《旷古的印记》是一种难得的艺术享受，特向广大读者推荐。

（香港《香港文学》1994 年 9 月）

留下凝固旷古的怀念

——读彦火的《鱼化石的印记》

□林英明

从美国回来就收到潘耀明先生寄来的《鱼化石的印记》，这本以彦火笔名结集的新书，打开扉页便是金庸先生的亲笔题词，题词也写得特别：

> "鱼非当年鱼，石非当年石，鱼化石中，宛有当年在。你非当时你，我非当时我，我心中有支歌：'记得当时年纪小'。心中宛有当时在——有你，有我，有当时。为耀明兄《鱼化石的印记》作。"

这段似诗似歌的题词，以金庸对他的交情与了解，想必很能概括出该书的主旨。

今年初，耀明自香港回乡省亲，与我们会晤时席间每每谈到金庸创办《明报》的智慧与奋发精神，他的笔耕书耕之路显然受金庸的影响不小。耀明是南安罗东人，少小离家移居香港。多年来，他以彦火的笔名在香港的报刊上发表大量文学作品，并执编于一家文艺杂志。80年代初期他赴美国爱荷华大学修学语言，又攻读纽约大学的出版课程，获文学硕士学位。返港后他曾任职于三联书店，以后经金庸引荐入明报出版社，现出任明窗出版社和《明报月刊》的总编辑兼总经理。

《鱼化石的印记》收录进耀明在美国、西欧、日本及国内名山胜迹的一些湖山走笔，一篇篇"寻山陟岭，心造幽峻"的抒情游记，可以说记录了他这些年来探索求学于东西方所走过的"那一程山水"，也留下了他登山则情满于山，观海则意溢于海的心灵印记。在他所涉猎的诸多文体中，旅途散文应是他创作中最为娴熟、最具情性的华彩篇章。几年来，他已陆续出版了《大地驰笔》、《醉人的旅程》、《爱荷华心影》、《那一程山水》等一些书，都是属于这一类的著作。他擅长将大自然的景物描绘融化于自己独特的情思感受中，从而在不经意的景色描述间表达他的眷念和情怀。

由于文化和历史社会背景不同的缘故，旅经欧美等国的华人述及在外见闻，作文记事总是要做一种文化的比较，这种比较都有意无意地落脚于乡情与自我民族的文化认同上，彦火的这本书也不例外。我特别留意于他不时流露的乡土情结和对中国古典诗词的挚爱与熟谙，书中处处可寻他深浓的对故乡风物的怀念，忆及儿时的往事他总是激情如泻。在异国他乡面对秋风秋色，他会陡增秋思秋绪，于是，"撩起对故乡月浓深的眷念"。在秋雨中的港岛巴士站等候巴士，他看"秋雨像家乡弦管，很清脆"，不禁想起李商隐的《夜雨寄北》。"当夜来的秋雨涨满池塘，远方的游子在想望着什么时候能与家乡的好友剪烛西窗，促膝长谈"。爱荷华的雪夜，他"在聂华苓家吃火锅，热气腾腾，酒酣耳热，便闹着唱家乡小曲"。在美国中西部小镇的谢正光教授家作客，看着他屋后自辟的一畦菜地，便"勾起童年在闽南家乡与母亲在荷兰豆棚架下摘豆苗的情景"。而置身于多伦多的尼亚加拉大瀑布，观看翻腾喷涌水沫洒空的乳白彩虹，他又不禁吟起李白咏庐山香炉峰瀑布诗。这种时空上的错位忆述书中多次出现，它既自然地表达了海外游子的乡思乡情，也明显地反映了他们强烈的文化归属感。

在美国接受过西洋教育的他对中国传统文化仍是如此的一往情深，这是我对彦火作品尤为看重的一个方面。当时下大陆一些新生代的作家盲目模仿西方文学样式的时候，他却是脚踏实地到博大精深的传统文化里汲取营养，异质文化动迁不了他深深扎根了的精神家园。我记起两年前在椰风蕉雨的菲律宾，与一位长期办华文报纸的老总编交谈时，他曾略带感伤地谈到，他儿子一辈的年轻华裔很多人都不看华文报纸了，因为在商业社会要获取经济信息，他们从实用出发大多看英文报纸。后来我出席了一次菲华作家的聚会，不禁对那些坚持用中文写作的同胞产生敬意。虽然这些作家大多年纪较大，他们每两月聚会一次相互交流，所写也以忆昔怀旧自我感慨的小散文居多。但在我眼里，他们是一群坚守阵地的战士，颇令人产生悲壮感。他们以浓烈的寻根探源的自觉意识，在别一种文化土壤里顽强地普及和弘扬着中华传统文化。在文化的融合与交汇中，他们自身的价值也得到了升华。彦火的作品也正是这样，他用那一篇篇脉脉含情的文字，在不同文化的碰撞中，诠释了卞之琳那首《鱼化石》的凄美的诗意：鱼化石的时候，鱼已非原来的鱼，石也非原来的石了。留下的只是凝固了的旷古的怀念。

（福建《泉州晚报》，2000 年 8 月 15 日）

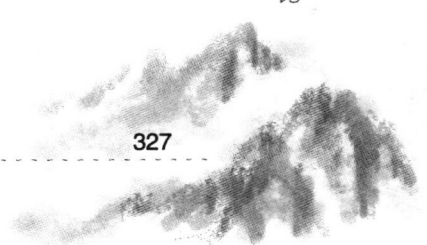

面向整个华文文化界

□ 马悦然

《明报月刊》和文化大革命是同年出生的，我相信这个事实不会是偶然。创办《明报月刊》的查良镛先生在他的发刊词指出："本刊可以探讨政治理论、研究政治制度、评论各种政策，但我们决不作任何国家、政党、团体、或个人的传声筒。我们坚信一个原则：只有独立的意见，才有它的尊严和价值。"

保卫中国文化，保持语文纯洁

发刊词所表达的原则显然跟文化大革命的指令完全相反，创办《明报月刊》的目的是保卫中国文化。应该注意的是，《明报月刊》当时所刊登关于大陆的政治理论与政治制度的文章，是反"文革"而不是反共的。无论对方的反动多么激烈，无论对方用多么难听的暴力语言，《明报月刊》编辑部所接受的文章总是内容和措辞很温和的，有时候编辑部也接受大陆的作者所寄来的反驳性的文章。汉语和汉文是中国文化最重要的组成部分，"保卫中国文化的同时"，《明报月刊》也保持语文的尊严和生命力。在世界各国愈来愈商业化、愈来愈鄙俗化的时代，物质文明与精神文明的距离扩大了。在这种情况下，保持语文的纯洁与尊严是极其重要的。

我很赞成金耀基教授所讲的话："有一点是肯定的，在中国新文明的树立与发展中，中文是最基本的文化载体。中文在，中国文化在；中文是世界上最有生命力的语文之一。事实上，中文因中国的升起已愈来愈有机会成为国际语文。在这个全球化情景下，《明月》这本中文杂志的存在意义更大了。"（《明报月刊》2006年1月号58页）

《明报月刊》不仅保持语文的纯洁与尊严，也保持杂志的封面、插图与广告的雅致质量。封面总是设计得非常优美，插图常常包括精彩的绘画与书法或者历史意义很重要的相片，一般的广告也与文化事业有关系。《明报月刊》的表里一致该成为世界上有名的杂志的典型。

作者意图 Vs 读者反应，文学创作 Vs 政治宣传

据我看，所有的文本，无论是文学作品或者学术论文，

都具有一定的、或多或少程度上的政治性。连一封情书表达作者对人生的意义和人在社会里所起作用的看法，也不脱离政治性。可作者的意图和读者的反应是两回事。一部小说的叙述方法或者一首诗的措辞即使多么冷静，在读者的心里也可能会引起很激烈的反应。山西作家李锐的小说《厚土》、《无风之树》和《万里无云》跟李锐的同乡曹乃谦的小说《到黑夜想你没办法——温家窑风景》，都是用文学艺术方式呈现文革时代社会的一些现象。在读者的心里，这些小说会唤起他们对大陆贫农的困境非常深刻的同情。

我愿意相信《明报月刊》尤其在"文化大革命"结束之后，起了一种很重要的桥梁作用。《明报月刊》独立而有理性的报道方式，无疑对一些大陆官方人物与善良的公民有一定的影响。

强烈使命感，拒当传声筒

《明报月刊》在出版界的优秀地位是跟其创办人查良镛先生与历任总编辑的个性、品格分不开的。我深信《明报月刊》经营四十年的优秀历史，主要依赖潘耀明先生和前辈总编辑的非常强烈的使命感。他们知道需要像《明报月刊》这样的一个独立、非党派、非团体、拒绝当传声筒的刊物的，不仅是香港的读者，而是整个华文文化界的读者。

在我们这个向"钱"看的世界，这种使命感是值得钦佩的。

我愿意利用这个机会向我的老友潘耀明表示我诚恳的谢意……我慢慢懂得潘耀明、《明报月刊》与许多作家、学者之间的友谊，是这个时代很重要的人文图像。

作为一个以中国为第二个祖国的老外，我祝愿《明报月刊》为中国和整个华文文化界继续作出宝贵的贡献。

（香港《明报月刊》，2006 年 4 月号）

日月光华·旦复旦兮

□郑愁予

日月之谓明。明报系统有日，便是日报了：有月，便是月刊。又有出版社，可谓完整的文化事业。除此更在东西半球各升起文化殖民的大纛，俨然有日不落的帝国气象。噫唏！日月光华，旦复旦兮！

却为了日报每日如白驹过隙，谁能留住甚至记得跑马场上的飞鬃唏律？月刊便不然，可以反复阅读、列架收藏。对一个作者来说，无异又是书斋的窗口，一个活生生的世界，让你采集、思想。返身面对摊开的纸，说不定能画出一幅历史的图像，所以我不免偏爱月刊了。当然，我指的就是在香港岛上编辑出版的《明报月刊》。

在经历许多大事件的时代里，从"文革"、"保钓"、联合国易席、改革开放、以至香港回归等，《明报月刊》未被推搡到一个极端，却保持一个紧密的边缘关系。作为读者的，在感觉投入的时候，便自觉是文化的生灵而不是政治的

动物；因为边缘是多边多缘的，空气新鲜，吐纳欢畅，古今
中外都能成为活泼的现场，果然戏剧在演，观者情绪起伏之
下，却眼睛明亮心思也快，说不定伸长手臂接一记刺客飞
镖，便成为为文化历史留痕的演员（一位作者），我推论这
样的刊物必定是一个有理念的编辑人哲学的实践。

　　1983 年 1 月，在新加坡政府邀请的世界华文作家聚会
中，与代表香港和海外的《明报月刊》总编辑彦火先生结
识，又在爱荷华、纽约他进修的地方聚首，匆匆已二十多
年，这期间《明报月刊》也迭见盛衰。简言之，他不在场
的时候台上冷场、台下萧条，仿佛有一层意识形态的纱幕
垂下来，他每再一次在场，锣鼓丝竹便应着幕起而响起；
无他，文化的价值观也。彦火总是把文化中可以增进现代
人生活情趣的传承，编排演出，在政治经济的大轴戏前
面，演出一场风雅罗曼的压轴戏，一份刊物有格称之为满
堂丰足便在此处了。我受邀为所设的"酒茶文化"写了小
品，竟得到知交们的宠赏，也使我从唯诗的孤独中走出
来。举头望明月，流浪人的故乡不就在眼下？明报文化用
茶酒灌顶无异是用日月开光。证诸事实，《明报月刊》四
十年能有今日，彦火是成就而后最不居功的君子，他的原
名取的更是得了宿缘：耀明！哎，潘耀明君，让我尊称你
一声"明报先生"好吗？

　　　　　　　　　　（香港《明报月刊》，2006 年 4 月号）

"星空"下的文字

——对彦火《异乡人的星空》的一种解读

□钟晓毅

是在冬阳的温暖中读完彦火（潘耀明）的新作《异乡人的星空》的，那时，距我们一起从异乡回来也没有多久，似乎东南亚灿烂的阳光还烙在脸上，不断地闪烁在心中，这给阅读《异乡人的星空》添上一层绚丽的色彩。

《异乡人的星空》为闻名华人世界的一代武侠宗师、《明报》创始人、《明报月刊》第一任主编金庸作顾问主编的《明月》四十年精品文化的"重头戏"之一，彦火本就以写散文见长，这本《异乡人的星空》更充分体现了他散文创作的品格：平易之中见悠远，清新拙朴之中难掩奔放的才华、睿智的哲思，平净、灵活的氛围里洋溢着对生活的向往和憧憬……是精神强力的当下探索，精神家园的温暖营造。里面所辑集的"《明月》卷首语辑"、

"永远流动的情感"、"鱼化石的印记"等等，每一篇均为短制，少了虚构，也不太注意韵脚，但是却有气象，有情节，有收纵，有因果，有大量需要边走边叹、夹叙夹议的自由空间，有无数不必刻意串络却总是四处闪烁的记忆碎片，构成繁星满天的"异乡人的星空"。他特别喜欢卞之琳的《鱼化石》，说是意喻往日之我已非今日之我，我们仍珍惜雪泥上的鸿印，不过是一种纪念；他也特别敏感于霍桑的小诗："时间从我们头顶飞过，却留下他的影子"……所以在自序中自道"这部小书，也可以说是我过去时间所留下的影子，是斑驳、杂沓的，却是我过去生活的一部分。"在这些斑驳、杂沓中，读者却发现了他文字的多种色调，多种风致、多种意绪，多种情怀，一起营造了属于他的也启发了别人的精神家园。

作为一个处在"八面来风，四面出击"的纷乱如云的文化的文化时代人，彦火自有他的处乱不惊依然故我的处世哲学，看他的为主编《明报月刊》所写的卷首语和在报刊里频密曝光的专栏文章，可见他对文化传统和现实问题处理的镇定和成熟。《自由是可贵的》、《黄金泪与现代人》、《风云一报人》、《哄哄的岁月》、《生命应放入学问才有意义》、《谦下的美》、《科学与文学的因缘》、《中国人的名目与地位》、《文明被自己吐出的活物所染》、《巴金、库切与强国梦》等篇章，纵横捭阖的同时，也在他关注的文学与文化命题中显示着他纯粹的审美趣味和一个现代知识分子的精神修养。他这些作品力求达到的历史深度和情感深度，丰富了我们的阅读经验，在红尘万丈的闹市喧嚣中，这些已成"追忆"的篇什，文章虽短，却自有经天纬地的叙述追求。

正如著名作家王安忆在给他的序中评价的："读彦火的散文，你就读到了一副好人的心肠。他顾恋地看一朵花，一株草，一株绿苔。他叫一种无名的花为大红花，这叫法朴素也真实得很，而且含有好心情。他写道他怎样把绿苔一点一点采回家，一点一点铺在他家的盆栽里。他又写了旧时的吃食，比如蕃薯，不尽因为含旧，而是真觉得它好，是惜物的天性。他特别写到的是他见到、听到和读到的人和事，你会发现他总是感受到别人的好处，倘若是一个有过交臂的人，他便感受到了别人的情义，有些滴水之恩，涌泉相报的意思。"确实一语中的。

而那些文学大师，那些傲骨铮铮和谦谦君子的文化人，在彦火的笔下更是有着别样的风采，一串灿若星河的名字，让他不断地回望来路，探索和拓展写作领域，在表达个人情怀的同时，深入地展现"大写的人"的心灵风貌并探询人的精神归宿，即从外观（外部世界）、远观（中外文史）到内观（心灵世界）构成了《异乡人的星空》的创作历程。特别是在社会转型、价值失范、方位不明的精神漂流时代，如何寻找精神家园和归宿，如何寻找灵魂的栖息地，不仅是我们共同面对的时代命题，同时也应该是作家焦虑探讨的核心领域，彦火尽力而为，以散文的形式，以诗性的语言，捕捉有意味的细节乃至活色生香的情节，关心人心、关心人性、关心时代变化中的个体生命，关注历史中人的命运，"星空"下的文字，不仅是作家自己安顿心绪的驿站，更可看作是让人打点心灵归程的光亮的火把。

（《南方日报》，2008 年 1 月 6 日）

彦火／潘耀明的四维素像

□曹捷

西方文化百花盛放，出版业分工精细，站在镁光灯下的固然是作者，但幕后英雄如编辑、批评家、经理人、插图师亦卧虎藏龙、职有专司，各自在其岗位默默耕耘，对鼎盛的文化氛围作出整体贡献。Harold Ross 创办 The New Yorker；Barbara Epstein 创办 The New York Review of Books，并长期出任主编，发掘作者、启思潮评论风气之先。两人本身著作不多，严格来说并非作家，但在纽约知识分子圈中甚至是英语出版界都是响当当、贡献至巨的人物。

华人文化圈的生态则大不相同，摇笔杆爬格子的人很多，也有不少渐斩办起同人杂志来，集编写于一身，却鲜有受过正统学术训练、专职编务并取得可观成就的。金庸创办的《明报月刊》，近半世纪以来在日益市场化、庸俗化的阅读环境内传承着中华学术文化，其历任主编更是文化界举足轻重的人物。现任总编辑兼总经理潘耀明，自九十年代初开始，除了短时间外，一直担任《明报月刊》的最高负责人，统领编务，制定杂志方针、行销策略，对这份中国知识分子刊物的定位及发展乃至本地出版文化影响深远。

潘耀明以彦火等笔名，早年勤于著述，尤善散文、游记、中国作家评介，兼且在美国深造写作，并取得杂志学硕士学位，往后长时间担任大规模出版社的管理层，可为"著而优则编"。在别人眼中，他作为沉实的文字工作者和严肃杂志领导人的身份密不可分，李辉便在这本集子中这样形容彦火文章的风格："一种介乎于新闻、学术、文学之间的漫步。"

《跟彦火走那一程山水》这本文集，连编者序共收七十二篇文章，长短不一，分为"访谈"、"印象"和"专论"三部分。卷首录金庸、陈映真、柏杨、萧乾等作家亲笔题字或献诗，足见彦火以著书办杂志，在海内外广结文缘，人脉深厚。

第一部分"访谈"收录了香港、大陆、新加坡媒体访问彦火的文章，当中包括他在电台与张信刚教授的对谈。这些访谈勾画了彦火的出身背景，不少地方更由彦火自己的声音导出他与文坛前辈的因缘、对写作的态度，以及对文化事业的表现。

彦火相识满天下，第二部分"印象"收录多位作者对彦火其人其文其事的直描与侧写。有位文学大奖得主便说彦火"确实尊重我的文字，还不断地催促我写稿，故我就非常珍惜《明报月刊》。"著名汉学家、瑞典文学院院士马悦然也肯定在彦火领导下的《明报月刊》对当代中国文化的贡献。他说："我慢慢懂得潘耀明、《明报月刊》与许多作家、学者之间的友谊，是这个时代很重要的人文图像。"这部分的文章角度迥异，印象与印象重叠之间，渐渐显映出彦火/潘耀明的肖像。例子包括王安忆的《港人彦火》，描人状文，不乏独到分析，甚至对彦火其人有心理分析的洞见，饶有趣味。

至于针对个别文类、作品的评说，则收入第三部分"专论"。彦火的重要作品，从早期的《大地驰笔》（1980年）、《醉人的旅程》（1981年）到近年的《鱼化石的印记》（2000年）和《异乡人的星空》（2006年），都各有专文论述，而且都是严谨中肯，耐读而精辟。举例说，潘亚暾的《走向世界的美文——彦火散文初探》，对彦火的文字风格、创作类型及历程，有相当全面工整的缕析。

本书文章大都可读，但有些地方重复了彦火的一些背景资料，如幼年家贫，到报社由低做起，后受曹聚仁启发，潜读中国近当代作家，写成《当代中国作家风貌》

（正、续篇）。读者先是听到一轮侃侃声谈，再觑见一个多角环回的面谱，最后来一回颇见学术规模的文字纵观，这样子"三维"的素描，彦火/潘耀明的素像便栩栩然走了出来。

彦火文字创作早成而可观，本文集对其作品和成就提供了颇为全面的评介，弥足珍贵，美中不足的是大都写于八九十年代，晚近文章较少。虽然部分篇章都有论及潘耀明主政下的《明报月刊》，但这方面较全面及有系统的着墨应有更多。要完成彦火/潘耀明的"四维"全貌，尚有很大幅尚待勘探的版图。期望很快可以看到有专文专集，论述潘耀明执掌下《明报月刊》的发展轨迹，并评定其贡献及成就。

（香港《信报》）